한 번에 합격,
자격증은 이기적

이렇게
기막힌
적중률

자격증 독학, 어렵지 않다!
수험생 합격 전담마크

이기적 스터디 카페

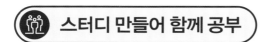 스터디 만들어 함께 공부

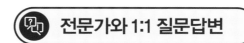 전문가와 1:1 질문답변

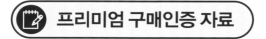 프리미엄 구매인증 자료

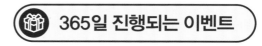 365일 진행되는 이벤트

이기적 스터디 카페　🔍

인증만 하면, 고퀄리티 강의가 무료!
100% 무료 강의

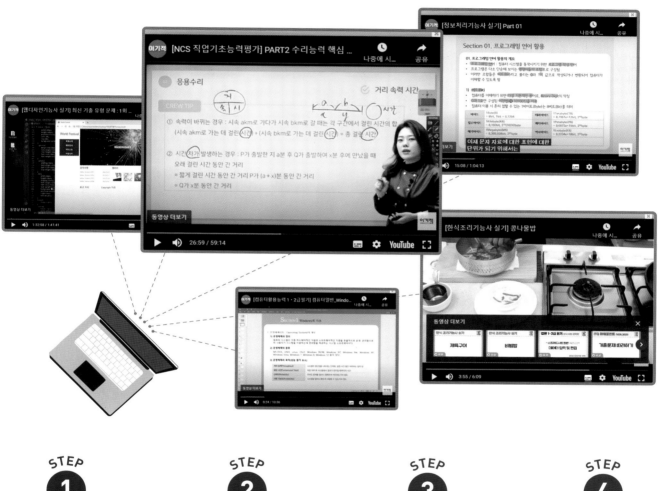

1년 365일 이기적이 쏜다!

365일 진행되는 이벤트에 참여하고 다양한 혜택을 누리세요.

EVENT ❶
기출문제 복원

- 이기적 독자 수험생 대상
- 응시일로부터 7일 이내 시험만 가능
- 스터디 카페의 링크 클릭하여 제보

이벤트 자세히 보기 ▶

EVENT ❷
합격 후기 작성

- 이기적 스터디 카페의 가이드 준수
- 네이버 카페 또는 개인 SNS에 등록 후
  이기적 스터디 카페에 인증

이벤트 자세히 보기 ▶

EVENT ❸
온라인 서점 리뷰

- 온라인 서점 구매자 대상
- 한줄평 또는 텍스트 & 포토리뷰 작성 후
  이기적 스터디 카페에 인증

이벤트 자세히 보기 ▶

EVENT ❹
정오표 제보

- 이름, 연락처 필수 기재
- 도서명, 페이지, 수정사항 작성
- book2@youngjin.com으로 제보

이벤트 자세히 보기 ▶

N Pay
네이버페이 포인트 쿠폰 **20,000원**

영진닷컴 쇼핑몰 **30,000원**

- N페이 포인트 5,000~20,000원 지급
- 영진닷컴 쇼핑몰 30,000원 적립
- 30,000원 미만의 영진닷컴 도서 증정

※이벤트별 혜택은 변경될 수 있으므로 자세한 내용은 해당 QR을 참고하세요.

이렇게 기막힌 적중률

코딩활용능력
2급·3급

"이" 한 권으로 합격의 "기적"을 경험하세요!

YoungJin.com Y.
영진닷컴

Welcome to Entry World! ....

소프트웨어에 대한 이해와 프로그램 능력은 현재를 살아가는 우리에게 그 무엇보다도 중요한 역량으로 요구되고 있습니다. 한국정보통신진흥협회(KAIT: Korea Association for ICT Promotion)에서 시행하는 코딩활용능력시험(CAT: Coding Ability Test)은 프로그램 언어에 대한 이해도 및 사용 능력뿐만 아니라 프로젝트를 만들어 내는 코딩 활용 능력까지 갖추고 있는지를 평가하는 과정입니다.

본 책에서는 프로그램을 다루는 기초적인 개념부터 시작해 실제 시험에서 다루는 프로젝트를 만드는 과정에 필요한 방법들에 관하여 묻는 다양한 실습 문제와 해설까지 자세히 다루고 있습니다. 이 책의 PART마다 수록된 체계적인 개념설명과 예제들을 함께하신다면, 프로그램 및 프로젝트를 다루는 자신감을 얻을 수 있을 것입니다. 더 나아가 출제 경향이 반영된 다양한 시험 대비 문제들을 풀어보며 실전 감각을 익힘으로써 수험생 여러분은 좋은 결과에 이르는 확실한 준비를 마무리할 수 있을 것입니다.

이 책을 통해 학습하는 동안, 미래 인재 역량에 필요한 새롭고 더 큰 세상을 보는 여러분의 시각도 함께 열어가시기를 기원합니다. 코딩 학습을 시작하시는 여러분에게 도전과 성취를 향한 확실한 밑거름이 되기를 바랍니다. 감사합니다.

저자 일동

이 책의 차례

이 책의 구성

❶ '코딩활용능력' 이렇게 준비하세요

'코딩활용능력' 시험에 관한 시험 안내, 응시 자격 및 응시 절차, 출제 기준, 답안 작성 요령 등 '코딩활용능력' 시험을 준비하기 전에 꼭 확인해야 할 사항들을 담았습니다. 본 도서로 공부하기 전 꼭 자세히 읽어보고 시험을 준비하시기 바랍니다.

❷ 엔트리 기본 기능 익히기

엔트리 프로그램을 처음 접하는 독자를 위해 엔트리 기본 기능을 미리 학습할 수 있도록 자세하고 친절하게 설명하였습니다.

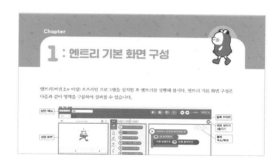

❸ 주요 출제 기능 익히기

'코딩활용능력'의 출제 기준을 자세히 분석하여 시험에서 요구하는 주요 기능을 선별하였습니다. 순차 · 반복 · 선택 구조, 연산자, 변수, 리스트, 복제, 신호 등의 기능들을 실습 파일과 함께 쉽고 자세하게 따라하며 학습할 수 있습니다.

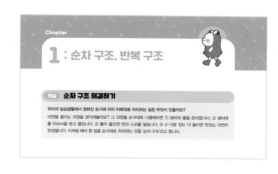

❹ 공개 문제 따라하기

시행처에서 공개한 문제를 2급과 3급으로 나누어 수록하였습니다. 실제 시험이 어떻게 출제되는지 문제를 통해 확인할 수 있습니다.

시험의 모든 것

01 응시 자격 조건

남녀노소 누구나 응시 가능

02 접수하기

- ihd.or.kr에서 접수
- 프로그램 선택 : 엔트리 버전 2.0.530이상
- 검정 수수료 : 2급 25,000원, 3급 20,000원

03 시험 응시

- 2급 : 객체 설정하기, 객체 코딩하기, 자료 다루기
- 3급 : 객체 설정하기, 객체 코딩하기

04 합격자 발표

ihd.or.kr에서 확인 후 자격증 발급 신청

❶ 자격 소개

- 프로그램 언어에 대한 이해도, 사용능력 등 코딩 활용능력을 평가하는 자격으로, 프로그램 기반 논리적 사고력, 과학적 창의력을 평가
- 2급, 3급 시험은 블록코딩 프로그램을 사용하여 기본적인 코딩능력 및 처리조건에 맞는 구현이 가능한지에 대한 활용능력을 평가

❷ 필요성

- 텍스트 코딩 및 블록코딩 프로그램 기본지식 배양
- 텍스트 코딩 언어에 대한 이해를 바탕으로 기본적인 코딩 능력 향상
- 블록코딩 툴을 활용하여 처리 조건에 맞게 구현하는 코딩 능력 향상

❸ 발급 기관

한국정보통신진흥협회

❹ 자격 종류

민간등록자격

❺ 응시자격

제한 없음

❻ 응시료

- 2급 : 25,000원 / 3급 : 20,000원
- 자격증 발급 수수료 : 5,800원(배송료 포함)

❼ 연기 및 환불 규정

– 접수기간 ~ 시험 당일 10일전 : 신청서 제출 시 연기 또는 응시비용 전액 환불

– 시험일 9일전 ~ 시험 당일 : 신청서 및 규정된 사유의 증빙서류 제출 시 연기 및 응시비용 전액 환불

– 시험일 이후 : 환불 불가

❽ 시험 프로그램

엔트리(버전 2.0.530이상)

❾ 시험 과목

등급	검정과목	검정방법	문항 수	시험시간	배점	합격기준
2급	– 객체 설정하기 – 객체 코딩하기 – 자료 다루기	실기 (작업식)	3문항	40분	100점	60점 이상
3급	– 객체 설정하기 – 객체 코딩하기	실기 (작업식)	2문항	40분	100점	60점 이상

학습 파일 다운로드

이 책에 사용된 실습 예제 파일 및 문제 파일과 완성 파일은 이기적 홈페이지(license.youngjin.com/)에서 다운 받을 수 있습니다.

❶ 이기적 홈페이지(license.youngjin.com/)에 접속한 후 로그인하세요.

❷ [자료실]–[기타] 게시판을 클릭하세요.

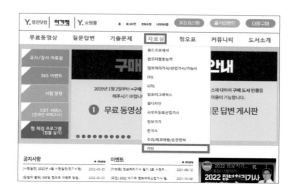

❸ '[7648] 이기적 코딩활용능력 2급/3급 학습 파일' 게시글을 클릭하여 다운로드합니다.

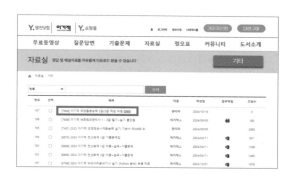

엔트리 프로그램 설치하기

코딩활용능력은 엔트리 2.0.53 이상 데스크탑 버전을 사용하고 있습니다. 도서는 2.1.13 버전으로 구성되었습니다.

❶ 엔트리를 설치하기 위해 엔트리 홈페이지 (https://playentry.org/)에 접속합니다.

❷ 엔트리 메인 로고에 마우스 포인터를 위치시키고 [다운로드]를 선택합니다.

❸ 엔트리 오프라인 프로그램에서 사용하고 있는 운영체제를 선택하여 설치 파일을 다운로드합니다.

❹ 다운로드한 설치 파일을 실행하여 엔트리 설치 창을 엽니다.

❺ 설치하려는 구성 요소를 선택하고 [다음]을 클릭 합니다.

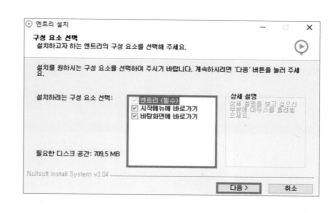

❻ 엔트리를 설치할 폴더를 선택합니다. 다른 폴더에 설치하고 싶다면 [찾아보기]를 클릭하여 원하는 폴더를 지정합니다.

❼ 설치할 폴더를 선택하였으면 [설치]를 클릭합니다. 엔트리 설치가 시작됩니다.

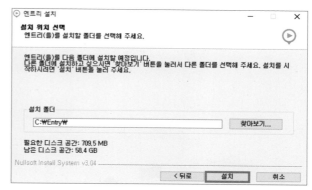

❽ 엔트리 설치가 완료되었으면 '엔트리 실행하기'를 체크하고 [마침]을 클릭합니다.

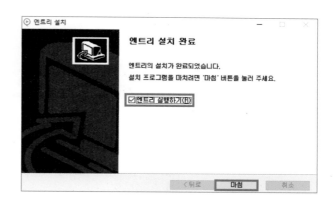

❾ 엔트리 오프라인 버전이 실행되었습니다.

PART 01

엔트리
기본기능
익히기

01 : 엔트리 기본 화면 구성

엔트리(버전 2.0 이상) 오프라인 프로그램을 설치한 후 엔트리를 실행해 봅시다. 엔트리 기본 화면 구성은 다음과 같이 영역을 구분하여 살펴볼 수 있습니다.

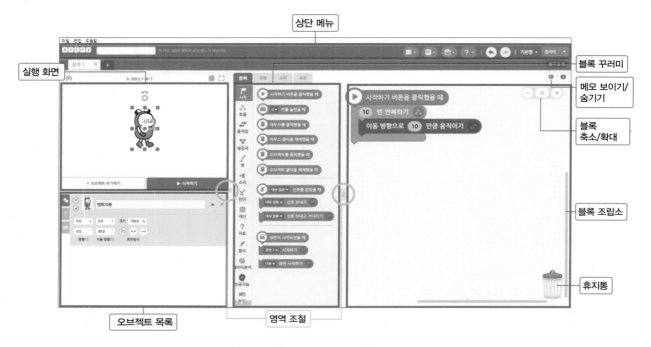

[엔트리 화면구성 안내]

1 상단 메뉴

엔트리 기본화면 구성 중 상단메뉴의 각 기능을 살펴봅시다.

[엔트리 상단메뉴]

❶ 엔트리 로고 : 엔트리 로고가 표시됩니다.

❷ 작품 이름 : 작품의 이름을 다른 이름으로 변경 가능합니다.

❸ 언어 선택 : [블록 코딩]과 [엔트리파이선] 두 가지 중 선택 가능합니다.

❹ 파일 : 작품을 새로 만들거나 저장해 두었던 오프라인 작품을 불러올 수 있습니다.

❺ 저장하기 : 작품을 저장하거나 복사본으로 저장합니다.

❻ 도움말 : [블록 도움말] 선택 후 각 블록을 선택하면 해당 블록을 설명합니다. [하드웨어 연결 안내]를 선택하고, 블록을 클릭하면 해당 블록 설명을 오브젝트 목록창에서 볼 수 있습니다. 또한 [엔트리파이선 이용 안내]를 선택하면 가이드와 예제 문서를 다운로드할 수 있습니다.

❼ 입력 취소 : 작업을 바로 이전으로 되돌립니다.

❽ 다시 실행 : 이전으로 되돌렸던 작업을 다시 원래대로 되돌립니다.

❾ 기본형/교과형 : [기본형]과 교과형(실과)] 두 가지 중 선택 가능합니다.

❿ 언어 : 엔트리 프로그램의 사용 언어를 한국어, English 중에서 선택할 수 있습니다.

② 실행 화면

실행화면은 오브젝트의 실행모습을 보여주는 곳입니다. 구성내용을 알아봅시다.

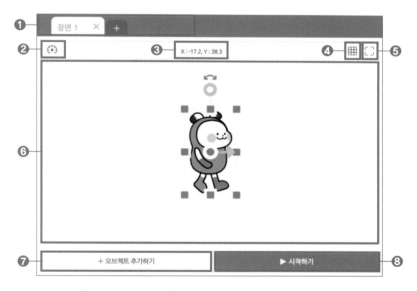

[엔트리 실행화면 구성]

❶ 장면 추가 : 엔트리 작품은 한 개 이상의 장면으로 구성할 수 있습니다. 장면1 탭 옆의 [장면추가(+)]를 누르면 새로운 장면을 만들 수 있습니다. 장면 탭 위에 마우스포인터를 두고 마우스 오른쪽 버튼을 눌러 장면을 똑같이 복제해 사용할 수도 있습니다. 또한 각 장면 탭의 장면

이름 위에 커서를 놓고 클릭하면 장면이름을 수정할 수 있습니다. 각 장면마다 오브젝트 목록을 다르게 추가해 넣을 수 있습니다. 그러나 한 작품 안에 있는 여러 장면들은 작품에 만들어 놓은 신호, 변수, 리스트, 함수를 함께 사용할 수 있습니다.

❷ **속도 조절** : 속도 조절을 누르면 모양이 아래와 같이 바뀝니다. 왼쪽 연한 색부터 오른쪽 진한 색까지 총 다섯 단계로 구분되어 있으며 원하는 속도로 지정하면, [시작하기(▶ 시작하기)]를 눌렀을 때 작품의 실행속도를 원하는 빠르기로 볼 수 있습니다.

[속도 조절하기]

❸ **마우스 포인터의 좌표** : 마우스 포인터가 놓인 위치에 따라 좌표 값을 보여줍니다. 엔트리 화면의 좌표 값은 실행화면의 정 가운데를 중심으로 하여 x=0, y=0으로 합니다. 화면의 가로는 x축 방향으로 −240~240을 화면의 세로 방향인 y축은 −135~135의 좌표 값을 지닙니다.

❹ **모눈종이** : 실행화면 안에서 오브젝트 위치좌표를 한눈에 파악하고자 할 때 [모눈종이(▦)] 버튼을 누르면 편리합니다. 모눈종이를 실행하면 실행 화면이 아래와 같이 나타납니다. [모눈종이(▦)] 버튼을 한 번 더 누르면 모눈종이가 사라진 화면으로 되돌아갑니다.

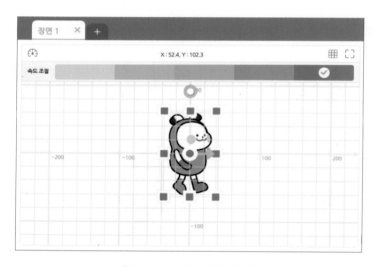

[엔트리 실행화면 좌표: 모눈종이]

❺ **화면 확대** : [화면 확대(⌗)] 버튼을 누르면 실행 화면이 전체 화면으로 커집니다. 전체 화면으로 커진 상태에서 다시 [화면 축소(⌗)]를 누르면 원래 크기로 돌아옵니다.

❻ **실행 화면** : 실행 화면은 오브젝트들이 블록을 조립하여 명령 코드를 작성한 대로 실행되어 나타나는 것을 확인하는 영역입니다. 엔트리의 실행 화면은 가로 480, 세로 270의 크기입니다.

❼ **오브젝트 추가하기** : 오브젝트란 실행화면에 사용되는 그림과 글씨들을 말합니다. [오브젝트 추가하기(+ 오브젝트 추가하기)]를 눌러 그림이나 글상자를 추가할 수 있습니다. 오브젝트 에 대한 자세한 내용은 'Chapter 02 오브젝트 살펴보기'에서 더 자세히 알아봅시다.

❽ **시작하기** : [시작하기(▶ 시작하기)]를 누르면 명령한 대로 오브젝트들이 실행화면에 서 움직입니다. 실행 중일 때 [정지하기(■ 정지하기)] 버튼을 누르면 다시 원래 창으 로 돌아가고 실행을 멈춥니다. 코드를 수정하는 것이 실행 중일 때는 불가능하므로, 실행을 정 지한 후 수정하도록 합니다.

③ 블록 꾸러미

엔트리 기본화면의 가운데 부분에 블록꾸러미가 있습니다. 블록꾸러미에는 4개의 탭이 있습니 다. 오브젝트 목록 중 현재 선택되어 있는 것이 그림 오브젝트인 경우에는 블록, 모양, 소리, 속 성 4개의 탭을 사용할 수 있습니다. 또한, 글상자 오브젝트인 경우에는 블록, 글상자, 소리, 속성 으로 탭의 구성이 바뀝니다.

[그림 오브젝트의 블록 꾸러미 탭]

[글상자 오브젝트의 블록 꾸러미 탭]

❶ **블록 탭** : 블록들이 카테고리 별로 분류되어 들어 있습니다. 색깔 별로 구분되므로, 조금만 사 용해 보면 해당 블록이 어느 카테고리에 들어있는지는 쉽게 찾을 수 있습니다.

❷ **모양 탭/글상자 탭** : 오브젝트가 그림인 경우 모양 탭으로 나타나고, 오브젝트가 글상자인 경 우 글상자 탭으로 바뀝니다. 모양 탭의 경우 모양을 추가하거나 이름을 변경할 수 있고, 글상 자 탭인 경우 글의 색이나 서체 내용 등을 변경할 수 있습니다.

❸ **소리 탭** : 엔트리가 제공하는 소리 파일을 가져올 수도 있고, 컴퓨터에 있는 소리 파일을 업로 드 하여 사용할 수도 있습니다.

❹ **속성 탭** : 신호, 변수, 리스트, 함수 등을 추가할 수 있습니다.

4 블록 조립소

엔트리를 활용하면, 코드를 작성하기 위해 어렵게 문법이나 규칙 등을 배우지 않아도 장난감을 조립하듯 블록들을 조립하여 쉽게 프로그램을 만들 수 있습니다. 블록 꾸러미에 있는 블록들을 블록 조립소로 가져와 코드를 작성하는 방법을 간단히 살펴봅시다.

▶ 조립하기

원하는 블록을 블록 꾸러미에서 마우스로 끌고 와서, 블록조립소의 다른 블록 아래에 붙여 조립합니다.

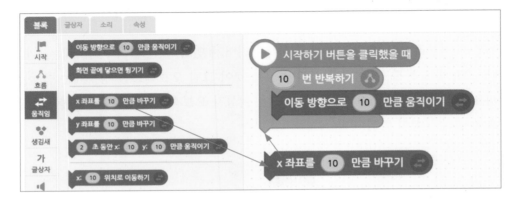

[블록 조립하기]

[흐름(⚙)] 카테고리에 있는 육각형 모양 안에는 [판단(⚖)] 카테고리에 있는 육각형 모양의 블록들을 넣을 수 있습니다. 주로 참인지 거짓인지를 판단하는 블록을 결합합니다. 또한 원모양 안에는 변수 등의 자료 값을 넣어 결합합니다.

[블록 조합과 블록의 모양]

▶ 삭제하기

조립한 블록 중 삭제해야 할 블록이 있는 경우 다음 중 편리한 방법대로 삭제할 수 있습니다.

❶ 휴지통에 끌어다 넣어 삭제합니다.

❷ 마우스 오른쪽 버튼 클릭 후 [코드 삭제]를 선택하여 삭제
합니다.

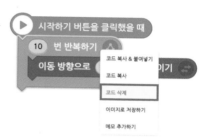

❸ 블록 꾸러미 쪽으로 끌어다 놓아 삭제합니다.

▶ 복사하기

❶ 복사할 블록에 마우스 오른쪽 버튼을 눌러 [코드복사]를 선택합니다.

❷ 블록 조립소 바탕화면에 마우스 포인터를 놓고 마우스 오른쪽 버튼을 누르면 선택창이 나타납
니다. 선택창 메뉴 중에서 [붙여넣기]를 선택합니다. 같은 오브젝트 안의 블록 조립소 뿐만 아
니라 다른 오브젝트의 블록 조립소에도 붙여 넣기 할 수 있습니다.

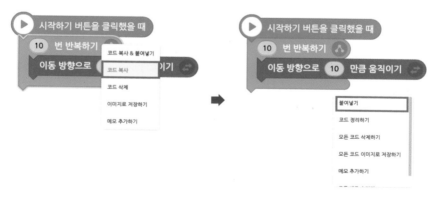

[코드복사 방법]

▶ 블록조립소의 기타 편리한 기능들

블록조립소의 아무 곳에나 마우스 포인터를 놓고 마우스 오른쪽 버튼을 누르면, 아래와 같은 창이 나타납니다.

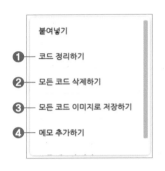

[블록 조립소 기타 기능]

❶ 코드 정리하기 : 여기저기 흩어져 있는 블록 코드들을 보기 좋게 줄맞추어 정리합니다.

❷ 모든 코드 삭제하기 : 코드를 전부 삭제합니다.

❸ 모든 코드 이미지로 저장하기 : 오브젝트의 블록 조립소 안에 있는 블록들을 모두 이미지로 저장합니다.

❹ 메모 추가하기 : 블록 조립소 안에 간단하게 메모를 할 수 있는 기능으로 작품에 대한 설명이나, 코드에 대한 설명 등을 기록해 두기 좋습니다.

▶ 메모 기능

메모 기능은 블록 조립소 위쪽의 [모든 메모 보이기(🖻)] 버튼으로 보이도록 할 수 있습니다. 한번 더 누르면 모든 메모가 숨겨집니다. [메모 추가하기(🖻)] 버튼으로 메모를 추가하여 사용할수 있습니다.

[모든 메모 보이기]

CHAPTER

02 : 오브젝트 살펴보기

1 오브젝트 추가하기

오브젝트를 가져오는 방법에 대해 알아봅시다.

[오브젝트 추가하기(+ 오브젝트 추가하기)]를 누르면 아래와 같은 창이 나타나며, 탭으로 구성
된 [오브젝트 선택], [파일 올리기], [새로 그리기], [글상자]를 눌러 각 기능에 맞게 오브젝트를
가져올 수 있습니다.

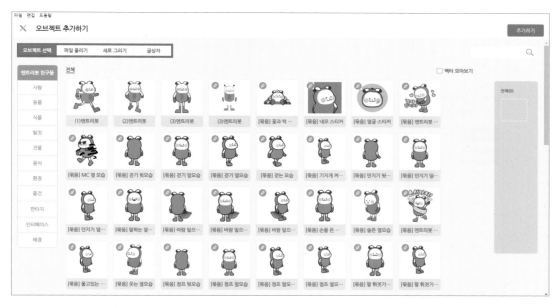

[오브젝트 추가하기 화면]

▶ [오브젝트 선택]으로 추가하기

엔트리에서 기본으로 제공하는 그림들을 오브젝트로 사용하는 방법입니다.

예를 들어, 동물 중에 '꽃게'를 찾아서 사용하고 싶을 경우에는 왼쪽에 있는 카테고리 중에 [동
물] 목록을 선택합니다. 그러면 하위 카테고리인 [전체], [하늘], [땅], [물] 목록이 보입니다. 이
중에서 [물]을 선택하면 물에 사는 동물들 그림이 제시됩니다. 그 중에서 '꽃게'를 선택하면 우측
에 선택된 '꽃게'가 나타납니다. [추가하기(추가하기)] 버튼을 누르면 오브젝트 목록에 '꽃게'가
등록됩니다.

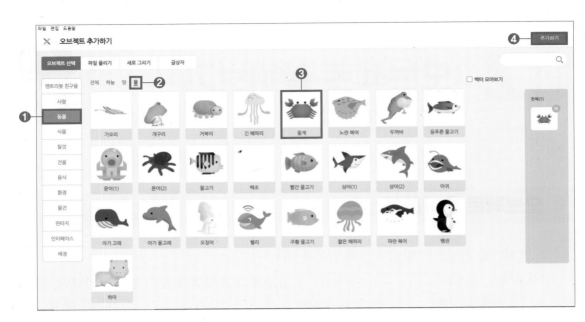

[오브젝트 선택하여 추가하기]

또한 검색하여 오브젝트를 추가하는 방법도 있습니다. 오른쪽 상단 검색 창에 찾고 싶은 오브젝트 이름을 직접 입력해 검색된 오브젝트 중 마음에 드는 것을 오브젝트 목록에 추가해 사용합니다.

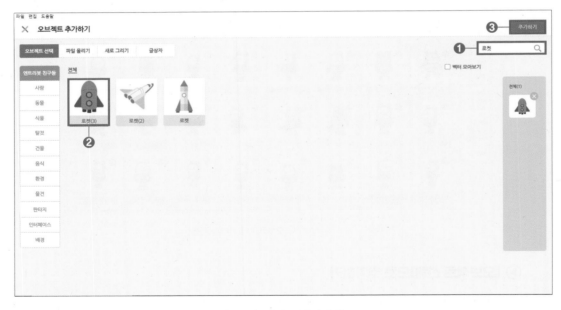

[오브젝트 검색하여 추가하기]

위의 방법들은 엔트리에서 기본적으로 제공하는 그림들을 오브젝트로 추가해 사용하는 방법입니다.

▶ [배경] 추가하기

배경을 추가하는 방법은 오브젝트 추가하는 방법과 같습니다. [오브젝트 선택] 목록 중에서 [배경]을 클릭한 후 [전체], [실외], [실내], [자연], [기타] 메뉴 중 찾고 싶은 분류를 클릭합니다. 분류된 배경 중 원하는 배경을 선택하여 추가합니다.

[배경 추가하기]

선택한 배경도 오브젝트 목록에 다른 오브젝트들과 함께 보입니다. 단, 오브젝트 목록은 아래에 있을수록 그림이 뒤로 물러나 보이게 되므로, 배경을 추가하면 자동으로 오브젝트 목록의 순서 중 맨 아래쪽에 나타나게 됩니다. 또한 배경이 변하지 않도록 오브젝트가 변경 불가 상태(🔒)로 등록됩니다.

[배경 그림의 오브젝트 목록 순서]

② 오브젝트 수정하기

▶ 오브젝트 핸들러를 이용하여 수정하기

실행 화면에서 오브젝트를 선택하면 오브젝트를 수정할 수 있는 오브젝트 핸들러가 나타납니다.

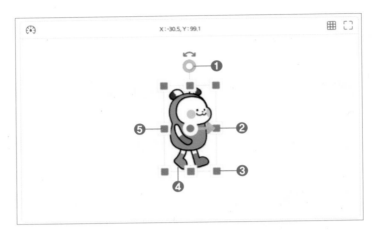

[오브젝트와 오브젝트 핸들러]

❶ **방향점** : 방향점을 클릭하면 중심점을 기준으로 하여 오브젝트를 회전시킬 수 있습니다.

❷ **이동 방향 화살표** : 오브젝트가 움직이는 방향을 뜻합니다.

❸ **크기 조절점** : 핸들러 사각형 각 모서리 점을 드래그하여 크기를 크게 하거나 줄일 수 있습니다.

❹ **위치 조절 영역** : 오브젝트 핸들러 안에 마우스 포인터를 놓고 클릭하여 드래그하면 오브젝트의 위치를 바꿀 수 있습니다.

❺ **중심점** : 오브젝트 핸들러 중앙의 점은 오브젝트의 중심점입니다. 오브젝트의 좌표 위치를 나타낼 때 바로 이 중심점 위치가 기준이 됩니다.

▶ 오브젝트 기본 정보를 수정하기

오브젝트 목록 창에서 오브젝트의 기본적인 정보들을 수정할 수 있습니다.

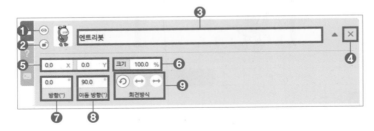

❶ **보이기** : ◉를 눌러 오브젝트가 보이지 않도록 설정할 수 있습니다.

❷ **잠금** : 만일 오브젝트 값들을 수정할 수 없게 하려면 ⬚을 눌러 잠금 설정을 할 수 있습니다.

❸ 이름 입력 : 오브젝트의 이름을 입력합니다.

❹ 삭제 : 오브젝트를 삭제합니다.

❺ 위치(좌표) : 오브젝트의 좌표 위치를 직접 입력합니다.

❻ 크기 : 오브젝트의 크기를 정합니다.

❼ 방향 : 실행 화면에 보여지는 오브젝트가 회전되어 보이는 각도를 조절합니다.

❽ 이동 방향 : 오브젝트 핸들러에서 이동 방향 화살표를 의미합니다.

❾ 회전 방식 : 회전 방식은 3가지 방식 중 한 가지를 선택할 수 있으므로 그림의 회전 방식의 특징을 알고 필요한 경우에 맞게 사용합니다.

　– 전방향 회전(⟳) : 오브젝트가 360도로 빙글빙글 회전합니다.

　– 좌우 회전(↔) : 오브젝트가 벽에 닿아 튕길 때 위아래가 뒤집어지지 않고 좌우 대칭으로만 바뀌게 됩니다.

　– 회전 없음(⊕) : 오브젝트가 처음 모습 그대로 회전하지 않고 좌우 대칭도 하지 않게 됩니다.

▶ 오브젝트 목록 순서를 수정하기

오브젝트 목록에는 추가한 목록들이 순서대로 나타납니다. 위에서부터 맨 아래까지가 보이는 순서이므로 배경은 주로 맨 아래쪽으로 추가됩니다. 위에 다른 오브젝트에 가려져서 안 보이는 그림이 있으면 오브젝트 목록에서 드래그 하여 가리고 있는 오브젝트보다 위쪽으로 옮겨 오브젝트의 순서를 변경할 수 있습니다.

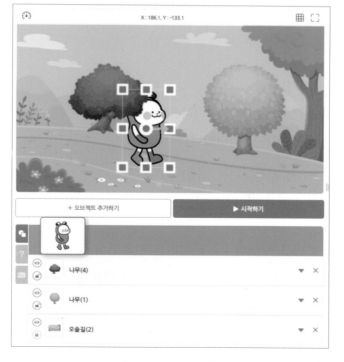

[오브젝트 순서 바꾸기]

CHAPTER

03 : 속성 추가하여 사용하기

[속성] 탭을 누르면 변수, 리스트, 신호, 함수를 추가할 수 있습니다.

1 신호 추가

예제 파일 PART01₩CHAPTER03_1신호추가.ent

신호 추가하는 방법을 알아봅시다.

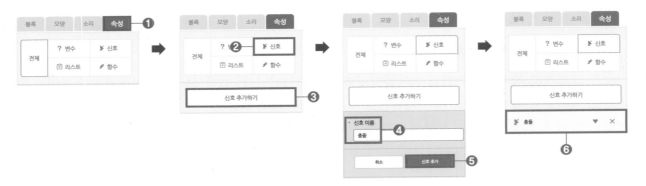

[신호 추가하기 방법]

❶ [속성] 탭을 누릅니다.

❷ [신호]를 누릅니다.

❸ 하단에 나타난 [신호 추가하기] 버튼을 누릅니다.

❹ 새로 만들 신호의 이름을 입력합니다.

❺ [신호추가] 버튼을 누릅니다.

❻ 신호가 만들어진 것을 확인합니다.

신호 추가하기 방법을 익히며, '충돌'이라는 신호를 만들어 보았습니다. 신호를 사용할 때는, 신호를 보내는 오브젝트와 신호를 받는 오브젝트가 필요합니다. 오브젝트들 사이에서 신호를 주고받는 간단한 예제를 살펴봅시다.

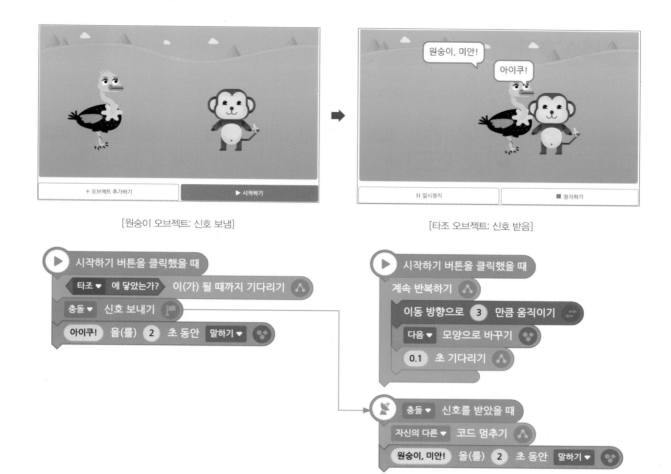

[원숭이 오브젝트: 신호 보냄]

[타조 오브젝트: 신호 받음]

타조가 계속 걸어가다가 원숭이에 부딪힙니다. 원숭이는 '충돌' 신호를 보냅니다. 타조가 '충돌' 신호를 받으면 자신의 다른 코드인 계속 걸어가던 코드를 멈추고 "원숭이, 미안!"을 '2' 초 동안 말하기 합니다. 이처럼 특정 상황에 다른 오브젝트가 신호를 받아 명령을 실행하게 만들기 위해 '신호'를 사용합니다. 신호를 보내는 오브젝트는 하나지만, 신호를 받는 오브젝트는 여러 개가 될 수도 있습니다.

tip

`충돌▼ 신호 보내기` 로 신호를 보내면, 신호를 보낸 후 바로 자신의 다음 코드를 실행합니다. 그러나 만일 `충돌▼ 신호 보내고 기다리기` 로 블록을 바꾼 후 코드를 실행한다면 어떻게 될까요? 타조가 "원숭이, 미안!"이라고 말한 2초 뒤에야 뒤늦게 원숭이가 "아이쿠!"라고 말할 것입니다. 이 두가지 블록의 사용법을 익혀, 상황에 맞도록 사용합시다.

예제 파일 *PART01₩CHAPTER03_2변수추가.ent*

변수를 추가하는 방법에 대해 알아봅시다.

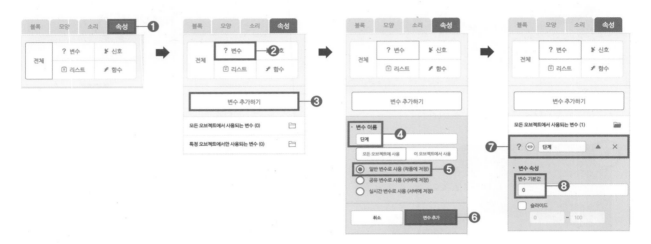

❶ [속성] 탭을 누릅니다.

❷ [변수]를 누릅니다.

❸ 하단에 나타난 [변수 추가하기] 버튼을 누릅니다.

❹ 입력란에 변수 이름을 입력합니다.

❺ '일반 변수로 사용'을 선택합니다.

❻ [변수추가] 버튼을 누릅니다.

❼ 새롭게 만들어진 변수가 나타난 것을 확인합니다.

❽ 변수 기본값을 설정합니다.

기본값을 0으로 해두면 실행될 때 점수변수가 0부터 시작됩니다. 다른 숫자로 기본 값을 넣어두면 실행될 때 그 숫자부터 변수의 값이 시작됩니다.

변수 이름을 입력한 후, '모든 오브젝트에 사용'이나 '이 오브젝트에서 사용'을 체크하는 부분이 있습니다. 이는 변수의 사용 범위를 지정하는 것인데, 변수를 만들 때 처음에 한 번 정하면 이후 재설정은 불가능합니다. 간단히 그 개념만 정리하면 다음과 같습니다.

모든 오브젝트에 사용	이 변수를 모든 오브젝트에서 사용할 수 있도록 함
이 오브젝트에서 사용	현재 선택한 오브젝트에서만 이 변수를 사용 가능하게 함

[변수의 적용 범위 설정]

일단 시험에는 대부분 '모든 오브젝트에 사용'으로 지시됩니다. 단, 특별한 조건 지시 사항이 있는 경우에는 이와 같은 변수 적용 범위뿐 아니라, 기본값 설정도 확인하도록 주의합시다.

변수를 사용하는 방법을 간단한 예제를 통해 알아보도록 합시다. 아래 예제는 '숫자 버튼'을 누를 때마다, '단계' 변수가 1씩 증가하고, '숫자 버튼' 모양이 바뀝니다. 로켓은 '단계' 변수의 값이 '3' 이 될 때까지 기다렸다가 발사됩니다.

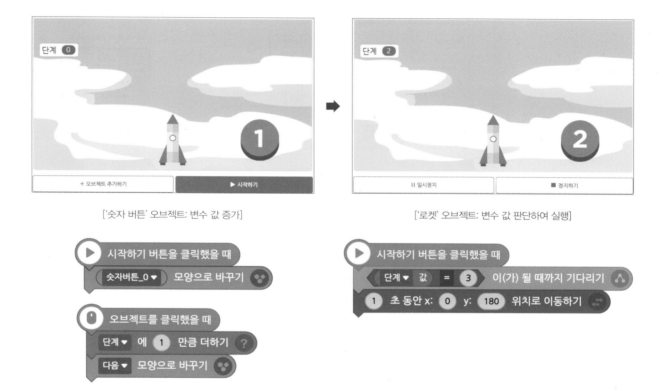

['숫자 버튼' 오브젝트: 변수 값 증가]   ['로켓' 오브젝트: 변수 값 판단하여 실행]

변수는 기본값을 설정해 두고, 주로 그 값으로부터 증가시키거나 감소시키면서 사용 합니다.

리스트를 추가하는 방법에 대해 알아봅시다.

❶ [속성] 탭을 누릅니다.

❷ [리스트]를 누릅니다.

❸ 하단에 나타난 [리스트 추가하기] 버튼을 누릅니다.

❹ 입력란에 리스트 이름을 입력합니다.

❺ [리스트추가] 버튼을 누릅니다. (모든 오브젝트에 사용, 일반 리스트로 사용으로 체크)

❻ 새롭게 만들어진 리스트가 나타난 것을 확인합니다.

리스트 이름을 만들 때 '모든 오브젝트에 사용'이라고 체크를 했습니다. 리스트의 사용 범위 역시 변수와 마찬가지로 범위를 정하여 선택할 수 있습니다만, 특정한 언급이 없다면 '모든 오브젝트에 사용'으로 만들어 사용합니다.

tip

리스트를 만들 때, 항목 수와 값을 직접 입력할 수 있습니다.

리스트 항목 수를 '3'으로 정한 후, 각 항목의 값을 '어린 왕자', '놀부', '장미'라고 직접 적어 넣어 줄 수 있습니다. 본 예제에서는 블록으로 리스트의 항목을 추가하는 것을 연습할 것이므로, 기본값을 따로 설정하지 않고 리스트를 만들었습니다.

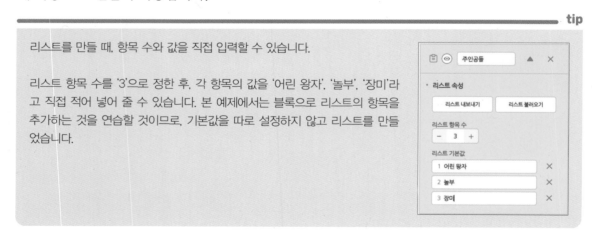

리스트를 사용하는 방법을 간단한 예제를 통해 알아보도록 합시다. 아래는 '장미' 오브젝트를 클릭했을 때, '여우'가 요청한 대로 '주인공들' 리스트의 항목을 수정해 주는 예제입니다. 리스트는 항목들의 순서를 수정할 수 있고, 새로운 항목을 추가할 수도 있고, 원하는 항목을 삭제할 수도 있습니다.

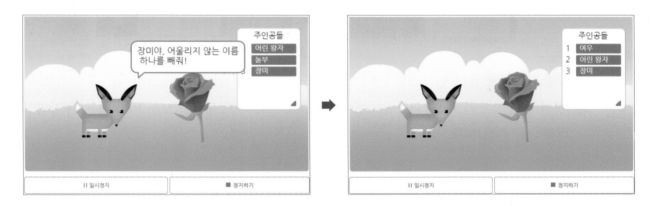

리스트에 3가지 항목을 만들어 넣고, '놀부'를 삭제하고, '여우'를 새롭게 첫 번째 항목으로 추가하도록 코드를 작성해 봅시다.

['여우' 오브젝트: 리스트 항목들 추가하기]   ['장미' 오브젝트: 항목을 삭제하거나, 추가하기]

리스트를 활용하면, 위의 날씨 정보 리스트처럼 같은 형태의 데이터를 하나의 묶음으로 엮어서 정리하고 활용하기 쉽습니다.

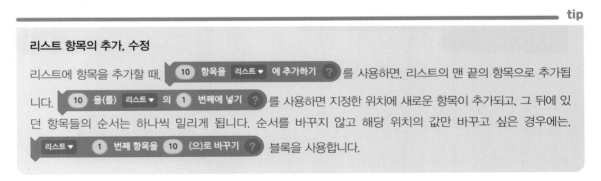

tip

리스트 항목의 추가, 수정

리스트에 항목을 추가할 때, [10 항목을 리스트▼ 에 추가하기 ?] 를 사용하면, 리스트의 맨 끝의 항목으로 추가됩니다. [10 을(를) 리스트▼ 의 1 번째에 넣기 ?] 를 사용하면 지정한 위치에 새로운 항목이 추가되고, 그 뒤에 있던 항목들의 순서는 하나씩 밀리게 됩니다. 순서를 바꾸지 않고 해당 위치의 값만 바꾸고 싶은 경우에는, [리스트▼ 1 번째 항목을 10 (으)로 바꾸기 ?] 블록을 사용합니다.

4 장면 추가

예제 파일 PART01₩CHAPTER03_4장면추가.ent

장면 추가하는 방법을 알아봅시다.

❶ 실행 화면 위쪽의 [장면1] 옆의 [+] 탭을 누릅니다.

❷ [장면1] 탭 옆에 새로 생긴 [장면2] 탭이 생성되고, 오브젝트 목록도 모두 비어 있는 새 장면인 '장면2'가 나타납니다.

다음은 장면을 전환하는 간단한 예제입니다. 시작하면 '장면1'의 '기타치는 사람'이 "4초 후 무대로 나가요."라고 '4' 초 동안 말하기 합니다. 그 후, '장면2'로 장면을 바꿉니다. '장면2'에서 화면을 클릭했을 때 다시 처음부터 실행하도록 만들어 봅시다.

'장면1'의 '기타치는 사람' 오브젝트: 장면전환

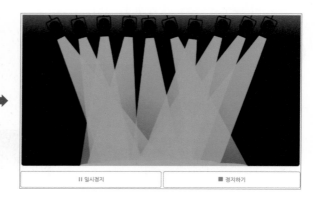

'장면2'의 '조명이 있는 무대' 배경 오브젝트: 클릭했을 때 처음부터 다시 실행하기

04 : 파일 열기 및 저장하기

엔트리로 만든 작품들은 이름을 정해 파일로 저장할 수 있습니다. 엔트리 작품을 컴퓨터에 저장하거나, 새롭게 만들고, 불러와 열어보는 방법 등을 알아봅시다.

1 작품 새로 만들기

작품을 새롭게 만들고 싶다면 다음과 같은 방법들 중 하나를 사용해 시작하도록 합니다.

❶ 엔트리 화면의 맨 위 왼쪽에 위치한 [파일(파일)] 메뉴를 눌러 [새로 만들기]를 선택합니다.

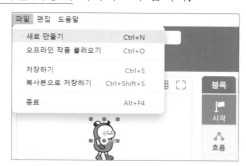

❷ 엔트리 화면 위 오른쪽에 [파일( )] 아이콘 메뉴를 눌러 [새로 만들기] 선택합니다.

② 작품 불러오기

컴퓨터에 저장해 둔 다른 엔트리 작품을 불러와 사용해 봅시다. 다음과 같은 방법들 중 하나를 사용해 작품을 불러옵니다.

❶ 엔트리 화면의 맨 위 왼쪽에 위치한 [파일(파일)] 메뉴의 [오프라인 작품 불러오기] 선택합니다.

❷ 엔트리 화면 위 오른쪽에 [파일( )] 아이콘 메뉴를 눌러 [오프라인 작품 불러오기] 선택합니다.

③ 작품 저장하기

작품을 다 만든 후 저장할 때에는 [저장하기]와 [복사본으로 저장하기]를 구분해 저장합니다.
만일 원본은 그대로 두고 지금 작업 중인 작품을 복사본으로 한 개 더 저장하고 싶다면 [복사본
으로 저장하기]를 선택해 저장합니다. 이름을 다르게 해서 저장해야 원본을 덮어쓰지 않고 별도
로 저장됩니다.

▶ 저장하기

다음과 같은 방법들 중 하나를 사용해 작품을 저장합니다.
❶ 엔트리 화면의 맨 위 왼쪽에 위치한 [파일(파일)] 메뉴의 [저장하기]를 눌러 작품을 컴퓨터에
   저장합니다.
❷ 엔트리 화면 위 오른쪽에 [저장하기(📥·)] 아이콘 메뉴를 눌러 [저장하기] 선택합니다.

[저장하기 메뉴]

▶ 복사본으로 저장하기

다음과 같은 방법들 중 하나를 사용해 작품을 복사본으로 저장합니다.

❶ [파일(파일)] 메뉴의 [복사본으로 저장하기]를 눌러 별도 파일로 저장합니다.
❷ 엔트리 화면 위 오른쪽에 [저장하기(📥·)]를 눌러 [복사본으로 저장하기] 선택하여 복사본으
   로 저장합니다.

tip

저장하기로 저장하면 원래있던 원본이 바뀐내용으로 저장됩니다. 복사본으로 저장하면, 불러온 원래 파일의 내용
이 그대로 유지되어 파일이 하나 그대로 있고, 새로 변경된 내용으로 새로운 파일이 생성되어 저장됩니다.

CHAPTER

05 : 엔트리 블록 살펴보기

엔트리 블록 전체가 아닌 자격시험에 사용되는 블록에 한하여 살펴봅니다.

1 [시작(⬛)] 카테고리

[시작(⬛)] 카테고리의 블록들은, 엔트리 작품을 실행시키면 제일 먼저 시작되는

(▶) 시작하기 버튼을 클릭했을 때 블록을 비롯하여 장면의 시작이나 신호를 받았을 때 및 외부 입력에

의한 이벤트 등 실행 명령들을 시작하기 위한 여러 가지 방식에 대한 블록들을 모아 놓은 카테고리입니다.

실행 시작 시점 방식들 〉 3급 2급

(▶) 시작하기 버튼을 클릭했을 때	[시작하기(▶)] 버튼을 클릭했을 때 이 블록 아래에 연결되어 있는 블록들부터 제일 먼저 실행합니다. 이 블록은 한 작품 안에 한 개 이상의 블록이 있어야 합니다.
(⌨) q ▼ 키를 눌렀을 때	키보드에 있는 키를 눌렀을 때 이 블록에 연결된 블록을 실행합니다. q 부분을 클릭하고 직접 키보드 키를 눌러서 원하는 키를 선택합니다.
(🖱) 마우스를 클릭했을 때	마우스를 클릭했을 때 이 블록에 연결된 블록을 실행합니다.
(🖱) 마우스 클릭을 해제했을 때	마우스 클릭했다가 해제할 때 이 블록에 연결된 블록을 실행합니다.
(🖱) 오브젝트를 클릭했을 때	해당 오브젝트를 실행 화면에서 클릭했을 때 이 블록에 연결된 블록을 실행합니다.
(🖱) 오브젝트 클릭을 해제했을 때	해당 오브젝트의 클릭을 해제할 때 연결된 블록을 실행합니다.

대상없음 ▼ 신호를 받을을 때	해당 신호를 받았을 때 연결된 블록을 실행합니다. [속성] 탭에서 만든 신호를 만들고 그 신호를 지정한 후 사용합니다.
대상없음 ▼ 신호 보내기	신호를 지정하여 그 신호를 보냅니다. 신호를 보내고, 바로 이 블록 아래에 있는 다음 블록을 실행합니다.
대상없음 ▼ 신호 보내고 기다리기	신호를 지정하여 그 신호를 보내고, 그 신호를 보낸 블록이 실행을 완료하기를 기다립니다. 완료된 후 이 블록 아래에 연결된 다음 블록을 실행합니다.

장면을 시작하는 방식들 》 2급

장면이 시작되었을때	장면이 시작되었을 때 연결된 블록을 실행합니다.
장면 1 ▼ 시작하기	선택한 장면을 시작합니다.
다음 ▼ 장면 시작하기	이전 장면. 다음 장면 중 선택하여 시작하게 합니다.

2 [흐름(⌃)] 카테고리

[흐름(⌃)] 카테고리는 명령을 실행하는 흐름들을 제어하기 위한 블록들을 모아 놓은 카테고리입니다. 실행을 하다가 잠시 기다리게도 하고, 특정한 상황에서 참인 경우와 거짓인 경우에 따라 실행의 흐름을 바꾸기도 하고, 실행의 흐름을 원하는 횟수나 조건에 맞게 계속 반복하게도 합니다.

시간 지연 》 3급 2급

2 초 기다리기 ⌃	실행하다가 잠시 2초 기다렸다가 다음 블록을 실행합니다. 2초 대신 숫자를 직접 입력하여 시간 조정이 가능합니다.

반복하기 방식들 〉 3급 2급

10 번 반복하기	입력한 횟수만큼 반복하여 블록 내부에 조합해 넣어진 블록을 실행합니다.
계속 반복하기	이 블록 안에 조합해 넣어진 블록들을 무한히 계속 반복해 실행합니다.
참 이 될 때까지 ▼ 반복하기	판단에 따라 반복 여부를 결정합니다. • '~이 될 때까지' : 판단이 참이 될 때까지 내부의 블록들을 반복해서 실행합니다. • '~인 동안' : 판단이 참인 동안 내부의 블록들을 반복해서 실행합니다.
반복 중단하기	이 블록을 감싸는 가장 안쪽의 반복 블록을 중단합니다.

판단에 따라 실행하는 방식들 〉 3급 2급

만일 참 이라면	판단이 참인 경우 내부에 작성한 블록들을 실행합니다.
만일 참 이라면 아니면	판단이 참인 경우 첫 번째로 감싼 블록들을 실행하고, 판단이 거짓인 경우 두 번째로 감싼 블록들을 실행합니다.

판단에 따라 실행 여부를 결정 〉 3급 2급

 참 이(가) 될 때까지 기다리기	판단이 참이 될 때까지 실행하지 않고 기다리다가, 판단이 참인 상황이 되면 아래 연결된 블록을 실행합니다.

모든 ▼ 코드 멈추기	• '모든' : 작품의 모든 실행을 멈춥니다(작품 내 모든 오브젝트의 모든 블록을 멈춤). • '자신의' : 이 블록이 속한 오브젝트 내의 모든 블록을 멈춥니다. • '이' : 이 블록과 연결되어 있는 블록만 멈춥니다. • '자신의 다른' : 해당 오브젝트의 블록들 중 이 블록과 연결된 블록 외의 모든 블록이 실행을 멈춥니다. • '다른 오브젝트의' : 다른 오브젝트의 모든 블록이 실행을 멈춥니다.
처음부터 다시 실행하기	처음부터 다시 실행합니다.

복제와 관련된 블록들 》 2급

복제본이 처음 생성되었을때	복제본이 생성되었을 때 이 블록에 연결된 블록을 실행합니다.
자신 ▼ 의 복제본 만들기	자신 또는 지정한 다른 오브젝트의 복제본을 만듭니다.
이 복제본 삭제하기	이 블록에 연결된 블록들이 실행되고 있는 복제본을 삭제할 때 사용합니다.
모든 복제본 삭제하기	원본 오브젝트가 아닌 모든 복제본을 삭제합니다.

--- tip

[멈추기 방식]

모든 ▼ 코드 멈추기 블록의 사용법을 아래 그림을 통해 좀 더 알아봅시다. 다음과 같이 엔트리 작품에서 '오브젝트1'의 '블록1'에 모든 ▼ 코드 멈추기 블록을 연결해 실행시킬 경우 각 설정에 따라 실행을 멈추는 범위가 어떻게 달라지는지 알아봅시다.

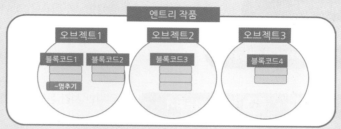

• **'모든' 코드 멈추기** : 블록코드1, 블록코드2, 블록코드3, 블록코드4 모두 멈춤
• **'자신의' 코드 멈추기** : 블록코드1, 블록코드2 멈춤
• **'이' 코드 멈추기** : 블록코드1 멈춤
• **'자신의 다른' 코드 멈추기** : 블록코드2 멈춤
• **'다른 오브젝트의' 코드 멈추기** : 블록코드3, 블록코드4 멈춤

3 [움직임(움직임)] 카테고리

[움직임(움직임)] 카테고리에는 실행 화면에서 오브젝트를 원하는 위치로 이동시키거나 회전시키는 명령에 관련된 여러 블록들이 있습니다.

움직이기, 튕기기 〉 3급 2급

이동 방향으로 10 만큼 움직이기	오브젝트의 이동 방향 화살표가 가리키는 방향을 향해 입력한 숫자의 값만큼 움직입니다.
화면 끝에 닿으면 튕기기	오브젝트가 실행 화면의 끝에 닿으면 튕기게 됩니다.

좌표 값에 더하기(add) 〉 3급 2급

x 좌표를 10 만큼 바꾸기	입력한 수만큼 x축 방향으로 오브젝트의 좌표 위치를 바꿉니다.
y 좌표를 10 만큼 바꾸기	입력한 수만큼 y축 방향으로 오브젝트의 좌표 위치를 바꿉니다.
2 초 동안 x: 10 y: 10 만큼 움직이기	입력한 시간 동안에 x축, y축 방향으로 입력한 값만큼 좌표를 바꿉니다.

좌표 지정하기(set) 〉 3급 2급

x: 10 위치로 이동하기	입력한 x축 좌표로 오브젝트가 이동합니다.
y: 10 위치로 이동하기	입력한 y축 좌표로 오브젝트가 이동합니다.
x: 0 y: 0 위치로 이동하기	입력한 x축, y축 값의 위치로 이동합니다.
2 초 동안 x: 10 y: 10 위치로 이동하기	입력한 시간 동안에 입력한 x축, y축 값 위치로 이동합니다.
엔트리봇 ▼ 위치로 이동하기	선택한 오브젝트 및 마우스포인터 위치로 오브젝트가 이동합니다.
2 초 동안 엔트리봇 ▼ 위치로 이동하기	선택한 오브젝트 및 마우스포인터 위치로 입력한 시간 동안 이동합니다.

* x, y 좌표값은 오브젝트의 중심점을 기준으로 합니다.

회전 〉 3급 2급

방향을 90° 만큼 회전하기	입력한 값만큼 오브젝트가 시계방향으로 회전합니다(그림 방향 회전).
이동 방향을 90° 만큼 회전하기	입력한 각도만큼 오브젝트가 움직일 방향이 회전됩니다 (이동 방향 회전).
2 초 동안 방향을 90° 만큼 회전하기	오브젝트가 입력한 각도만큼 입력한 시간 동안 시계 방향으로 회전합니다(그림 방향 회전).
2 초 동안 이동 방향 90° 만큼 회전하기	오브젝트가 입력한 각도만큼 입력한 시간 동안 시계 방향으로 이동 방향을 회전합니다(이동 방향 회전).

*회전할 때는 오브젝트 중심점을 기준으로 회전합니다.

방향 〉 3급 2급

방향을 90° (으)로 정하기	오브젝트의 방향을 입력한 각도로 정합니다.
이동 방향을 90° (으)로 정하기	오브젝트가 움직일 이동 방향을 입력한 각도로 정합니다.
엔트리봇 ▼ 쪽 바라보기	이동 방향이 선택한 것(특정 오브젝트 및 마우스포인터)을 향하도록 오브젝트의 이동 방향을 회전합니다.

방향으로 움직이기 〉 3급 2급

90° 방향으로 10 만큼 움직이기	오브젝트가 입력한 각도 방향으로 입력한 값만큼 움직입니다.

4 [생김새(생김새)] 카테고리

오브젝트의 보이는 상태와 순서 및 지니고 있는 여러 모양 중의 어떤 것을 보이게 할지 등 그림에 관련된 여러 블록들이 [생김새(생김새)] 카테고리 안에 있습니다.

보이기/숨기기 〉 3급 2급

모양 보이기	오브젝트를 실행 화면에서 보이게 합니다.
모양 숨기기	오브젝트를 실행 화면에서 숨깁니다.

말풍선으로 말하기 〉 3급 2급

안녕! 을(를) 4 초 동안 말하기▼	입력한 글자들을 말풍선 모양으로 지정한 시간 동안 보여준 후 다음 블록을 실행합니다.
안녕! 을(를) 말하기▼	입력한 글자들을 말풍선으로 보여주는 동시에 바로 다음 블록을 실행합니다.
말풍선 지우기	말하기 블록으로 보여주고 있는 말풍선을 지워줍니다.

모양 바꾸기 〉 3급 2급

엔트리봇_걷기1 모양으로 바꾸기	오브젝트가 가지고 있는 여러 모양들 중 한 가지를 골라 그 모양으로 보이게 바꿔 줍니다.
다음▼ 모양으로 바꾸기	오브젝트의 모양을 모양 목록에 있는 다음 또는 이전 순서의 것으로 바꾸어 보여 줍니다.

그래픽 효과 　》》 3급 2급

색깔 ▼ 효과를 10 만큼 주기	선택한 그래픽 효과를 입력한 수치만큼 줍니다. 색깔, 밝기, 투명도 각 그래픽 효과별로 수치 값이 표현하는 것이 다릅니다.
색깔 ▼ 효과를 100 (으)로 정하기	선택한 그래픽 효과를 입력한 수치값으로 정해서 표현합니다.
효과 모두 지우기	그래픽 효과를 모두 없애고 원래의 오브젝트 모습으로 보여줍니다.

크기 　》》 3급 2급

크기를 10 만큼 바꾸기	오브젝트의 크기를 입력한 수치만큼 바꾸어 줍니다.
크기를 100 (으)로 정하기	오브젝트의 크기를 입력한 값으로 정합니다.

모양 뒤집기, 보이는 순서 　》》 3급 2급

상하 모양 뒤집기	오브젝트의 위아래를 뒤집어 보여줍니다.
좌우 모양 뒤집기	오브젝트의 좌우를 뒤집어 보여줍니다.
맨 앞으로 ▼ 보내기	선택한 내용대로 오브젝트의 보여지는 순서를 정합니다. • '맨 앞으로' : 모든 오브젝트들 중에 제일 앞에 보여줍니다. • '앞으로' : 한 단계 앞으로 가져와 보여줍니다. • '뒤로' : 한 단계 뒤로 보냅니다. • '맨 뒤로' : 모든 오브젝트들 중 맨 뒤로 보냅니다.

참과 거짓으로 구분할 수 있는 판단의 조건 상황들을 모아놓은 카테고리입니다. 이 블록들은 혼자서 실행되지는 않고, 주로 흐름의 블록 중 이 블록을 조합해 사용할 수 있는 블록들과 함께 사용되곤 합니다.

마우스 또는 키보드 〉 3급 2급

마우스를 클릭했는가?	마우스를 클릭한 경우 '참'이 됩니다.
오브젝트를 클릭했는가?	오브젝트를 클릭한 경우 '참'이 됩니다.
q ▼ 키가 눌러져 있는가?	선택한 키보드의 키가 눌러져 있는 경우 '참'이 됩니다.
마우스포인터 ▼ 에 닿았는가?	선택한 항목(마우스포인터, 오브젝트, 벽, 위쪽 벽, 아래쪽 벽 등)과 닿은 경우 '참'이 됩니다.

비교 연산 〉 3급 2급

10 = 10	왼쪽과 오른쪽 값이 같으면 '참'이 됩니다.
10 != 10	왼쪽과 오른쪽 값이 같지 않으면 '참'이 됩니다.
10 > 10	왼쪽 값이 오른쪽 값보다 크면 '참'이 됩니다.
10 < 10	왼쪽 값이 오른쪽 값보다 작으면 '참'이 됩니다.
10 ≥ 10	왼쪽 값이 오른쪽 값보다 크거나 같으면 '참'이 됩니다.
10 ≤ 10	왼쪽 값이 오른쪽 값보다 작거나 같으면 '참'이 됩니다.

참 그리고 ▼ 참	왼쪽과 오른쪽 판단 값 두 개가 모두 참일 때 '참'이 됩니다.
참 또는 ▼ 거짓	왼쪽과 오른쪽 판단 값 두 개 중 하나라도 참이면 '참'이 됩니다.
참 (이)가 아니다	판단 값이 참이면 '거짓'이 되고, 판단 값이 거짓이면 '참'이 됩니다.
10 (이)가 숫자 ▼ 인가?	값이 숫자이면 '참'이 됩니다.

6 [계산(🖩)] 카테고리

수 연산, 난수, 거리 값 등의 블록 및 문자열 관련 블록 등을 모아 놓은 카테고리입니다.

수 연산, 난수, 좌푯 값 〉 3급 2급

10 + 10	입력한 두 수를 더한 값입니다.
10 - 10	입력한 첫 번째 수에서 두 번째 수를 뺀 값입니다.
10 x 10	입력한 두수를 곱한 값입니다.
10 / 10	입력한 첫 번째 수를 두 번째 수로 나눈 값입니다.
0 부터 10 사이의 무작위 수	입력한 두수의 사이에서 무작위로 고른 수입니다.
엔트리봇 ▼ 의 x 좌푯값 ▼	선택한 오브젝트 또는 자신의 특정 값(x좌표, y좌표, 방향, 이동 방향, 크기, 모양 번호, 모양 이름)을 나타냅니다.

마우스 x▼ 좌표	마우스의 x좌표, 또는 마우스의 y좌표 값을 의미합니다.
10 / 10 의 몫▼	• 몫 : 앞의 수를 뒤의 수로 나누어 생긴 몫의 값입니다. • 나머지 : 앞의 수를 뒤의 수로 나누어 생긴 나머지의 값입니다.
10 의 제곱▼	입력한 수에 대한 다양한 수학식의 계산 값 입니다 (제곱, 루트, 사인값, 코사인값, 탄젠트값, 소수점 버림값, 소수점 올림값, 반올림값, 팩토리얼값, 절댓값 등).

초시계 》 2급

초시계 값	이 블록이 실행되는 순간 초시계에 저장된 값입니다.
초시계 시작하기▼	이 블록을 블록조립소로 가져오면 실행화면에 '초시계창'이 생깁니다. • 시작하기 : 초시계를 시작합니다. • 정지하기 : 초시계를 정지합니다. • 초기화하기 : 초시계의 값을 0으로 초기화 합니다.
초시계 숨기기▼	• 숨기기 : 실행 화면에서 초시계창을 숨기게 합니다. • 보이기 : 실행 화면에서 초시계창을 보이게 합니다.

날짜와 시간 》 3급 2급

현재 연도▼	현재의 연도, 월, 일, 시, 분에 대한 값입니다.

거리 》 2급

엔트리봇▼ 까지의 거리	자신과 선택한 오브젝트 또는 마우스포인터 간의 거리를 나타내는 값입니다.

문자열 》 2급

안녕! 과(와) 엔트리 를 합치기	입력한 두 자료를 결합한 값입니다.

7 [자료(?)] 카테고리

속성에서 만든 변수나 리스트에 관련된 자료 값을 다루는 블록들을 모아놓은 카테고리입니다.

묻고 대답 기다리기 》 2급

안녕! 을(를) 묻고 대답 기다리기 ?	이 블록에 입력한 내용을 오브젝트가 말풍선으로 질문을 던지고, 사용자가 입력할 수 있도록 실행화면 하단에 대답창이 생깁니다.
대답	묻고 대답 기다리기에 대해 사용자가 대답창에 입력한 값입니다.
대답 숨기기 ▼ ?	실행 화면에 보이는 대답 값을 보이게 하거나 숨기기 할 수 있습니다.

변수 》 2급

변수 ▼ 값	선택된 변수에 저장된 값입니다.
변수 ▼ 에 10 만큼 더하기 ?	선택한 변수에 입력한 값을 더합니다.
변수 ▼ 를 10 로 정하기 ?	선택한 변수의 값을 입력한 값으로 정합니다.
변수 변수 ▼ 보이기 ?	실행 화면에 변수값을 나타내는 창이 보이게 합니다.
변수 변수 ▼ 숨기기 ?	실행 화면에 변수값을 나타내는 창을 숨깁니다.

리스트 ▼ 의 ① 번째 항목	선택한 리스트의 항목 중 입력한 순서에 있는 항목 값을 의미합니다.
⑩ 항목을 리스트 ▼ 에 추가하기 ?	선택한 리스트의 마지막 항목으로 입력한 값이 추가됩니다.
① 번째 항목을 리스트 ▼ 에서 삭제하기 ?	선택한 리스트의 입력한 순서 번째 항목이 삭제됩니다.
⑩ 을(를) 리스트 ▼ 의 ① 번째에 넣기 ?	선택한 리스트의 입력된 순서의 위치에 입력된 내용을 넣습니다. 이후의 항목들은 순서가 하나씩 밀립니다.
리스트 ▼ ① 번째 항목을 ⑩ (으)로 바꾸기 ?	선택한 리스트에서 입력한 순서 번째에 있는 항목 값을 입력한 내용으로 바꿉니다.
리스트 ▼ 항목 수	선택한 리스트가 지니고 있는 항목의 개수에 대한 값입니다.
리스트 ▼ 에 ⑩ 이 포함되어 있는가?	선택한 리스트에 입력한 값이 포함되어있는지 확인합니다.
리스트 리스트 ▼ 보이기 ?	선택한 리스트를 실행 화면에 보이게 합니다.
리스트 리스트 ▼ 숨기기 ?	선택한 리스트를 실행 화면에서 숨기기 합니다.

[변수와 리스트 구분하여 사용하기]

변수와 리스트는 두 가지 모두 자료를 다루는 방식입니다. 단. 변수는 한 개의 값만 변경하여 사용할 때 만들어 사용하고, 리스트는 하나의 이름으로 묶어 여러개의 값을 저장하거나 변경할 때 사용합니다.

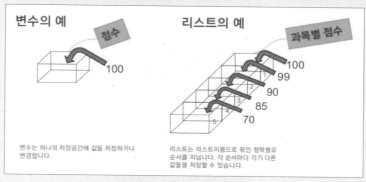

변수의 예   리스트의 예

점수   과목별 점수

변수는 하나의 저장공간에 값을 저장하거나
변경합니다.

리스트는 리스트이름으로 묶인 항목별로
순서를 지닙니다. 각 순서마다 각기 다른
값들을 저장할 수 있습니다.

PART 02

주요
출제기능
익히기

CHAPTER

01 : 순차 구조, 반복 구조

개념 **순차 구조 해결하기**

우리의 일상생활에서 정해진 순서에 따라 차례대로 처리하는 일은 무엇이 있을까요?

라면을 끓이는 과정을 생각해볼까요? 그 과정을 순서대로 나열해보면 ① 냄비와 물을 준비합니다. ② 냄비에 물 550㎖을 붓고 끓입니다. ③ 물이 끓으면 면과 스프를 넣습니다. ④ 4~5분 정도 더 끓이면 맛있는 라면이 완성됩니다. 이처럼 해야 할 일을 순서대로 처리하는 것을 '순차 구조'라고 합니다.

예제 **아기돼지 삼형제 대화하기**   **예제 파일** PART02₩예제01.ent

실행화면

해결하기 아기돼지 삼형제가 번갈아 대화합니다. 아기돼지 삼형제 첫째, 둘째, 셋째가 말하는 순서에 맞게 코딩합니다.

01 엔트리가 실행되면 [파일]-[오프라인 작품 불러오기]를 선택합니다.

02 [열기] 대화 상자가 나타나면 'PART 02' 폴더에서 '예제01.ent'파일을 선택하고 [열기]를 클릭합니다.

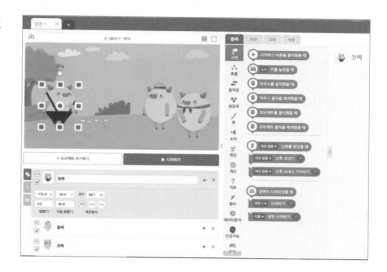

🐺 **'첫째' 오브젝트**

03 파일이 열리면 첫째(🐺) 오브젝트를 선택한 후 [시작(🏁)]에서

▶ 시작하기 버튼을 클릭했을 때 블록을 드래 그 하여 블록 조립소로 가져옵니다.

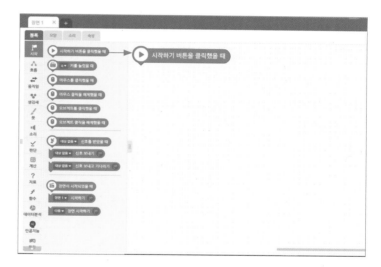

04 첫째가 둘째와 셋째에게 말하도록 [생김새(👤)]의

안녕! 을(를) ④ 초 동안 말하기▼ 👤 블록 을 연결하고, 내용을 '나는 짚으로 집을 지 을거야! 너희는 어떻게 할거니?'로 입력하 여 변경합니다.

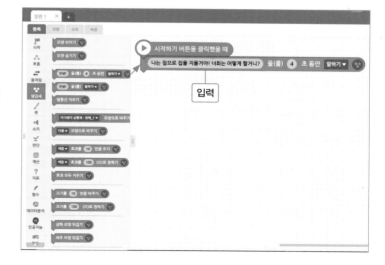

🤖 '둘째' 오브젝트

05 둘째(🤖) 오브젝트를 선택한 후 [시작(🏳)]의 ▶ 시작하기 버튼을 클릭했을 때

블록과 [흐름(⚙)]의 2 초 기다리기 ▲

블록을 연결하고 내용을 '4'로 입력하여 변경합니다.

—— why

첫째가 4초 동안 말하기 때문에 첫째의 말을 다 듣고 둘째가 말을 하도록 둘째가 4초 기다리는 것입니다.

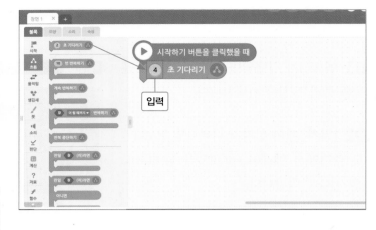

06 둘째가 첫째의 질문에 대답하기 위하여 [생김새(☢)]의

안녕! 을(를) 4 초 동안 말하기 ▼ 💠 블록

을 연결하고 내용을 '나는 나무로 통나무집을 만들거야. 막내 너는?'으로 입력하여 변경합니다.

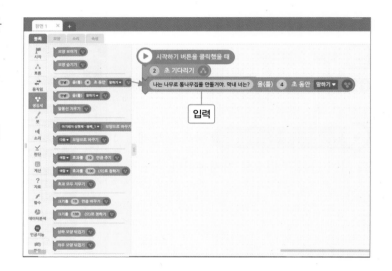

🤖 '셋째' 오브젝트

07 셋째(🤖) 오브젝트를 선택한 후 [시작(🏳)]의 ▶ 시작하기 버튼을 클릭했을 때

블록과 [흐름(⚙)]의 2 초 기다리기 ▲

블록을 가져와서 연결하고, 내용을 '8'로 입력하여 변경합니다.

—— why

첫째가 말하는 4초와 둘째가 말하는 4초를 모두 들은 후 셋째가 말하므로 8초 기다리는 것입니다.

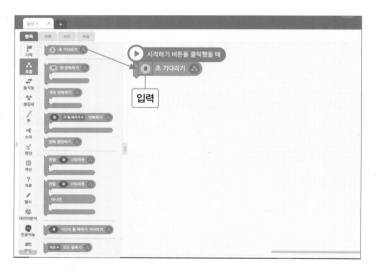

08 이번에는 셋째가 대답하기 위하여 [생김새( )]의

안녕! 을(를) 4 초 동안 말하기 ▼ 블록을 연결하고, 내용을 '나는 튼튼하게 벽돌로 만들거야.'로 입력하여 변경합니다.

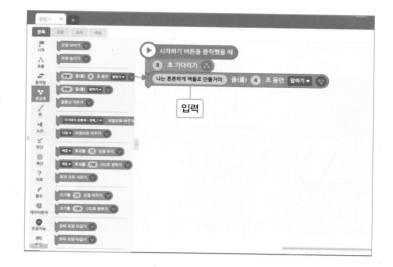

09 다시 첫째( ) 오브젝트를 선택한 후 기존 명령 블록에 이어서 [흐름( )]의

2 초 기다리기 블록을 연결하고, 시간을 '8'로 입력하여 변경합니다.

— why

둘째와 셋째가 대답하는 8초를 들은 후 다시 첫째가 말하므로 8초 기다리는 것입니다.

10 첫째가 둘째, 셋째에게 말하도록 [생김새( )]의

안녕! 을(를) 4 초 동안 말하기 ▼ 블록을 연결하고 내용을 '각자 멋진 집을 지어보자!'로 입력하여 변경합니다.

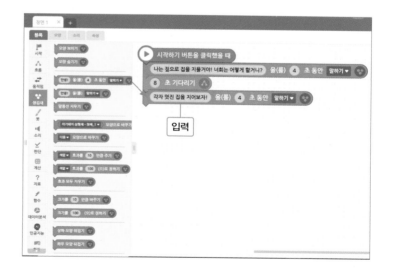

11  를 클릭하여 아기돼지 삼형제의 대화가 겹치지 않고 번갈아가면서 대화하는

지를 확인합니다.

개념 　반복 구조 해결하기

우리 주변에 반복적으로 처리하는 일은 무엇이 있을지 생각해볼까요?

같은 동작을 여러 번 반복하여 실행하는 것들은 프로그램으로 만들어 처리하면 편리합니다. 예를 들어 공장에서 같은 작업을 100번 해야 할 때 매번 작업하지 않고 기계에 프로그램으로 반복하여 수행하도록 실행 명령을 내리면, 효율적으로 관리할 수 있습니다. 이처럼 반복되는 일련의 행동을 묶어서 처리하는 방식을 '반복 구조'라고 합니다.

예제 　열기구 운행하기

예제 파일 PART02₩예제02.ent

실행화면

해결하기 두 열기구가 하늘로 날아올랐다가 내려옵니다. 열기구를 클릭하였을 때 열기구가 하늘로 날아오르고 3초 후 다시 내려오도록 코딩합니다.

01 엔트리가 실행되면 [파일]-[오프라인 작품 불러오기]를 선택합니다.

02 [열기] 대화 상자가 나타나면 'PART 02' 폴더에서 '예제02.ent'파일을 선택하고 [열기]를 클릭합니다.

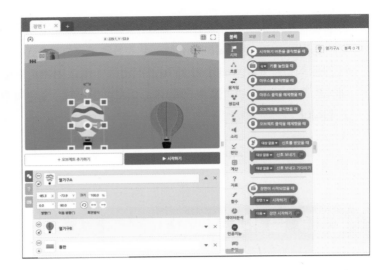

'열기구A' 오브젝트

03 파일이 열리면 열기구A( ) 오브젝트를 선택한 후 [시작( )]에서 `오브젝트를 클릭했을 때` 블록을 드래그 하여 블록 조립소로 가져옵니다.

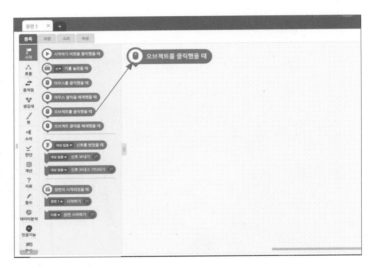

04 [흐름( )]에서

블록을 연결하고, 반복 횟수를 '85'로 입력하여 변경합니다.

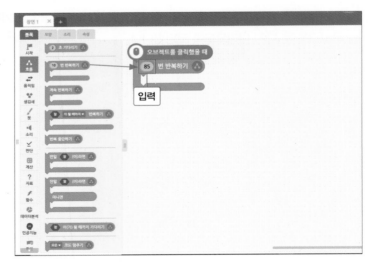

05 열기구A를 클릭하면 위로 반복하여
움직이도록 [움직임( )]의

y좌표를 `10` 만큼 바꾸기 블록을 연결하
고, y좌표에 '2'를 입력하여 변경합니다.

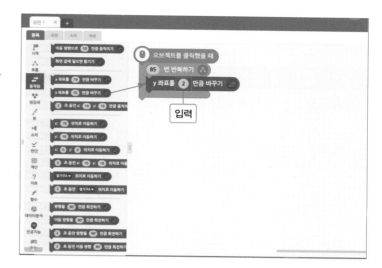

06 열기구A가 하늘로 올라갈수록 작아
지도록 [생김새( )]의

크기를 `10` 만큼 바꾸기 블록을 연결하
고, 크기로 '−0.3'을 입력하여 변경합니다.

───────────────── why

> 열기구가 멀어질수록 크기가 작아지게 코딩하
> 면, 원근감을 나타낼 수 있습니다.

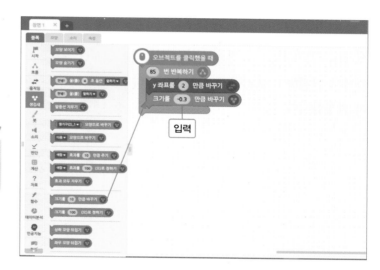

07 열기구A가 하늘에 올라가면 3초를
기다리도록 [흐름( )]의

 를 연결하고 시간을
'3'으로 입력하여 변경합니다. 그리고 [흐
름( )]의

`10` 번 반복하기 블록을 연

결하고 반복 횟수를 '85'로 입력하여 변경
합니다.

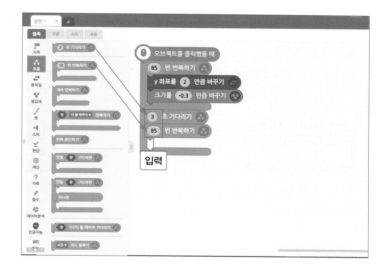

08 열기구A가 올라간 만큼 내려오도록 [움직임(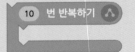)]의

y좌표를 10 만큼 바꾸기 블록을 연결하고 y좌표에 '−2'를 입력하여 변경합니다.

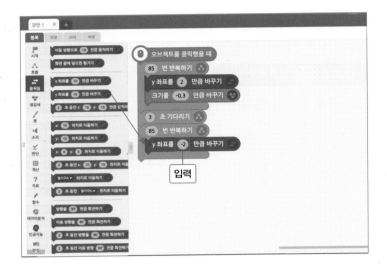

09 그리고 원래 크기로 돌아오도록 [생김새(💗)]의 크기를 10 만큼 바꾸기 블록을 연결하고 크기를 '0.3'으로 입력하여 변경합니다.

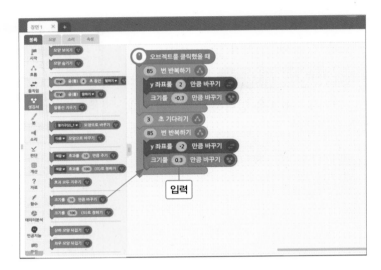

---

tip

블록 더 알아보기

반복 구조로 계속 반복하기 뿐만 아니라, 횟수로 반복하는 경우와 원하는 조건에 따라 반복하는 경우로 구분하여 블록을 사용할 수 있습니다.

• 횟수 반복하기

10 번 반복하기

반복문 안에 있는 명령들을 원하는 횟수만큼 반복할 때 사용합니다.

• 조건 반복하기

참 이 될 때까지 ▾ 반복하기

특정한 조건을 만족할 때까지 반복할 때 사용합니다.

'열기구B' 오브젝트

10 이번에는 열기구B(💡) 오브젝트를 선택한 후 [시작(🏁)]에서

블록과 [흐름

(🔄)]에서

블록을 가져와서 연결합니다.

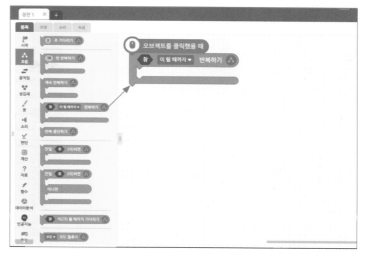

11 열기구B가 위쪽 벽에 닿을 때까지 반복하도록 [판단(✓)]의

 블록을 '위쪽 벽'으로

변경한 뒤

블록과 결합합니다.

―――――――――――――― **why**

열기구A에서 이동하는 값을 횟수 반복을 이용하여 임의로 맞추어야 했으나, 열기구B는 조건을 이용하여 보다 간결하게 코딩할 수 있습니다.

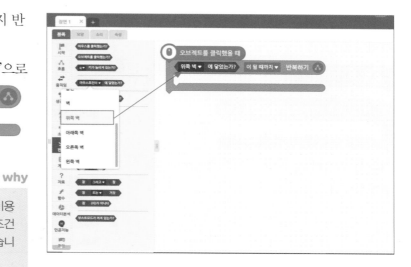

12 열기구B도 열기구A와 마찬가지로 하늘로 올라가면 작아지도록 [움직임(🔄)]의 `y 좌표를 10 만큼 바꾸기` 블록을 연결하고, y좌표에 '2'를 입력하여 변경합니다.

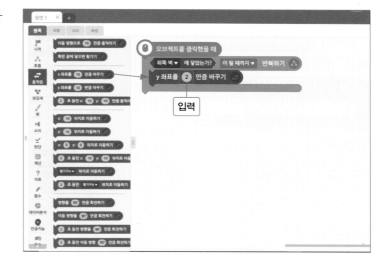

13 [생김새(⬨)]의

 블록을 연결하고, 크기로 '-0.3'을 입력하여 변경합니다.

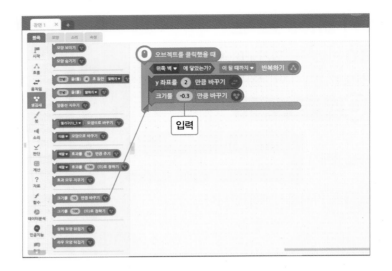

14 열기구B가 하늘에 올라가면 3초를 기다리도록 [흐름(⬨)]의

<그림: 2 초 기다리기> 와

<그림: 참 이 될 때까지 반복하기> 블록을 가져와서 연결하고, 시간은 '3'으로 입력하여 변경합니다.

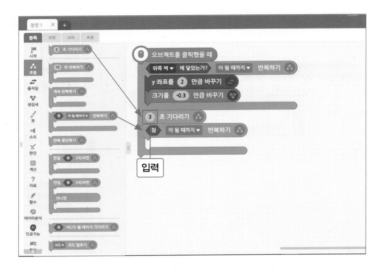

15 3초 후 열기구B가 아래쪽 벽인 땅에 닿을 때까지 조건을 반복하도록 [판단(⬨)]의 <마우스포인터 ▼ 에 닿았는가?> 블록을 '아래쪽 벽'으로 변경하여

<그림: 참 이 될 때까지 반복하기> 블록과 결합합니다.

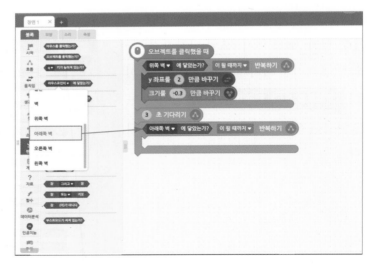

16 열기구B가 다시 땅으로 내려오도록 [움직임(🔁)]의

[y 좌표를 `10` 만큼 바꾸기 ↔] 블록을 연결하여 y좌표에 '-2'를 입력하여 변경합니다.

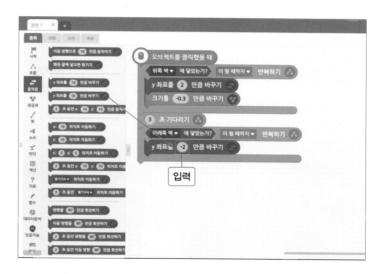

17 열기구B의 크기도 원래 크기로 커지도록 [생김새(😊)]의

[크기를 `10` 만큼 바꾸기 ⚙] 블록을 연결하고 크기를 '0.3'으로 입력하여 변경합니다.

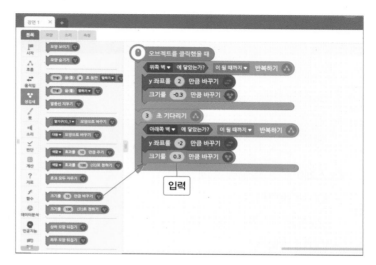

18 [▶ 시작하기]를 클릭하여 열기구A와 B를 각각 클릭하였을 때 하늘로 올라가고 3초 후 다시 내려오는지를 확인합니다.

'PART02' 폴더에서 '연습문제01.ent'파일을 불러와서, 〈처리조건〉에 맞게 코딩하여 프로그램을 완성합니다. (주어진 주요 블록을 모두 사용합니다.)

〈처리조건〉

들꽃이 회전한다.

키보드에서 스페이스 키를 누르면 들꽃(연보라)는 일정 횟수만큼 시계방향으로 회전한 후 다시 반대방향으로 회전하고, 들꽃(분홍)은 들꽃(연보라)에 닿을 때까지 회전하며 크기가 커집니다.

❁ '들꽃(연보라)' 오브젝트

조건	블록
◎ 스페이스 키를 눌렀을 때 • '100'번 반복하기 　– 방향을 '10' 만큼 회전하기 • '100'번 반복하기 　– 방향을 '–10' 만큼 회전하기	q▼ 키를 눌렀을 때 10 번 반복하기 방향을 90° 만큼 회전하기

✿ '들꽃(분홍)' 오브젝트

조건	블록
◎ 스페이스 키를 눌렀을 때 • '들꽃(연보라)'에 닿을 때까지 반복하기 　– 방향을 '5' 만큼 회전하기 　– 크기를 '1' 만큼 바꾸기	⌨ [q ▾] 키를 눌렀을 때 [참] 이 될 때까지 ▾ 반복하기 ⟲ 크기를 (10) 만큼 바꾸기 ✦ 마우스포인터 ▾ 에 닿았는가? 방향을 (90°) 만큼 회전하기 ⇄

정답 ....

✿ '들꽃(연보라)' 오브젝트

⌨ 스페이스 ▾ 키를 눌렀을 때
　(100) 번 반복하기 ⟲
　　방향을 (10°) 만큼 회전하기 ⇄
　(100) 번 반복하기 ⟲
　　방향을 (-10°) 만큼 회전하기 ⇄

✿ '들꽃(분홍)' 오브젝트

⌨ 스페이스 ▾ 키를 눌렀을 때
　들꽃(연보라) ▾ 에 닿았는가? 이 될 때까지 ▾ 반복하기 ⟲
　　방향을 (5°) 만큼 회전하기 ⇄
　　크기를 (1) 만큼 바꾸기 ✦

CHAPTER

02 : 선택 구조, 연산자

개념 **선택 구조 해결하기**

우리의 생활은 선택의 연속입니다. 방과 후에 친구와 놀고 숙제를 하는 것이 좋을지, 숙제를 먼저 하고 편하게 노는 것이 좋을지에 대해 고민되지 않은가요?

이처럼 상황을 판단하여 그에 맞는 명령을 선택하여 수행하는 것을 '선택 구조'라고 합니다.

예제 **캥거루는 당근을 좋아해**　　　　　　　예제 파일 PART02₩예제03.ent

 실 행 화 면

해 결 하 기 캥거루가 당근을 가져갑니다. 캥거루가 좌우로 움직이고 점프를 하여 당근을 가져가도록 코딩합니다.

01 엔트리가 실행되면 [파일]–[오프라인 작품 불러오기]를 선택합니다.

02 [열기] 대화 상자가 나타나면 'PART 02' 폴더에서 '예제03.ent'파일을 선택하고 [열기]를 클릭합니다.

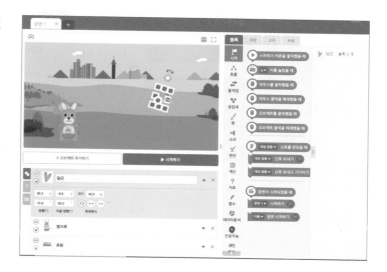

 '캥거루' 오브젝트

03 파일이 열리면 캥거루(🐰) 오브젝트를 선택한 후 [시작(⛳)]에서

▶ 시작하기 버튼을 클릭했을 때 블록을 드래그 하여 블록 조립소로 가져옵니다.

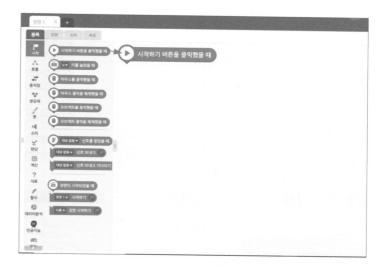

04 [흐름(🔁)]에서

계속 반복하기 🔁 블

록과 만일 참 (이)라면 🔁 블록을 가져

와서 연결합니다.

──────────── **why**

화살표 키를 눌러져있는지를 판단하기 위해서는 조건이 반복 수행되어 계속 해당 조건에 만족하는지를 확인해야 합니다.

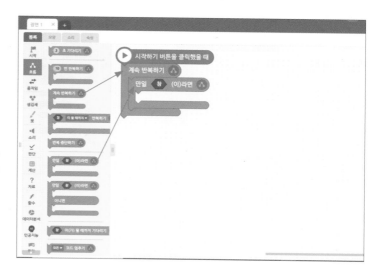

05 오른쪽 화살표 키를 누르면 캥거루가 오른쪽으로 움직이도록 [판단(판단)]의 q ▼ 키가 눌러져 있는가? 블록을 '오른쪽 화살 표'로 변경한 뒤 만일 참 (이)라면 블록과 결합합니다.

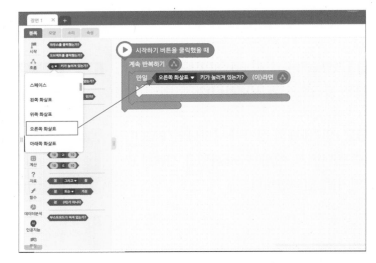

06 [움직임(움직임)]의 x 좌표를 10 만큼 바꾸기 블록을 연결하고, x좌표에 '2'를 입력하여 변경합니다.

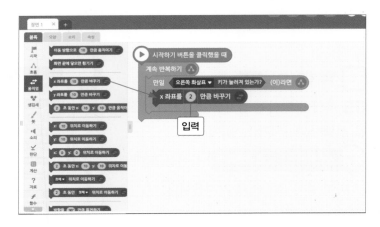

07 왼쪽 화살표 키를 누르면 캥거루가 왼쪽으로 움직이도록 [흐름(흐름)]의 만일 참 (이)라면 블록을 연결하고, [판단(판단)]의 q ▼ 키가 눌러져 있는가? 블록을 '왼쪽 화살표'로 변경한 뒤 결합합니다.

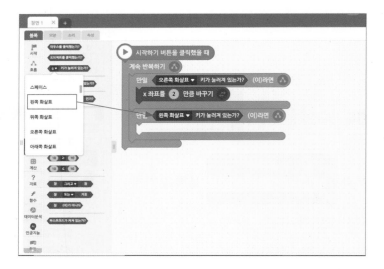

08 [움직임(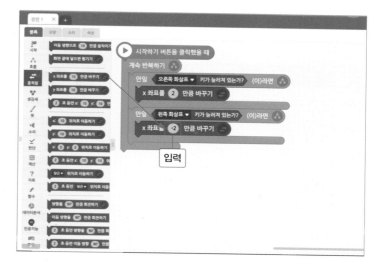)]의

x 좌표를 10 만큼 바꾸기 블록을 연결하

고, x좌표에 '−2'를 입력하여 변경합니다.

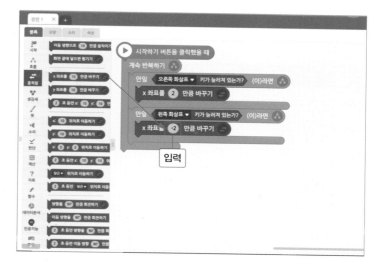

입력

09 키보드에서 스페이스 키를 누르면 동

작하도록 [시작( )]의

q ▼ 키를 눌렀을 때 블록을 '스페이스'

로 변경하여 가져옵니다.

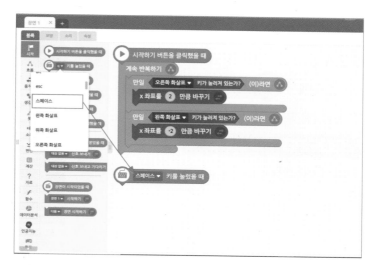

10 캥거루가 점프하여 올라가도록 [움직

임( )]의

2 초 동안 x: 10 y: 10 만큼 움직이기

블록을 가져와 시간을 '0.5'초로 바꾸고,

x좌표를 '0', y좌표를 '80'으로 변경합니다.

─── why

캥거루는 0.5초 동안 x좌표 '0' 만큼 움직이므
로 좌우 위치는 움직이지 않으며, 0.5초 동안 y
좌표 '80' 만큼 움직였다가 다시 '−80' 만큼 움
직이는 것이니 상하 위치가 변하여 캥거루가
올라갔다가 내려오는 것을 의미합니다.

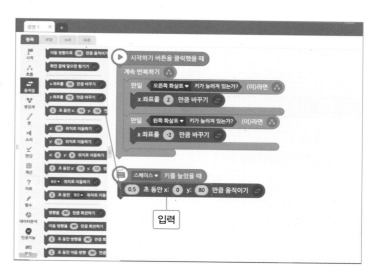

입력

11 점프한 캥거루가 내려오도록 [움직임 ( )]의

[2 초 동안 x: 10 y: 10 만큼 움직이기]

블록을 연결하고 시간을 '0.5'초로 바꾸고, x좌표를 '0', y좌표를 '−80'으로 변경합니다.

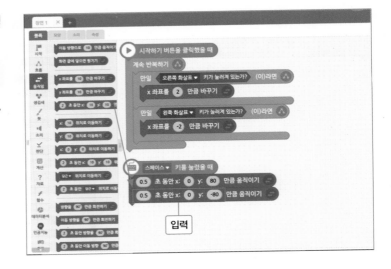

'당근' 오브젝트

12 당근( ) 오브젝트를 선택한 후 [시작( )]에서 [▶ 시작하기 버튼을 클릭했을 때]

블록과 [움직임( )]의

[x: 0 y: 0 위치로 이동하기] 블록을 가져와서 연결합니다.

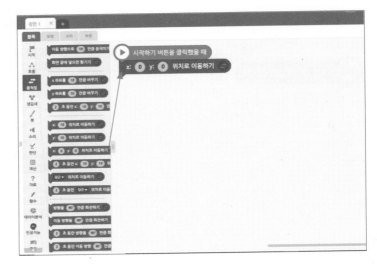

13 당근의 x좌표는 '−120'과 '70' 사이의 무작위 위치로 이동하도록 [계산( )]의

[0 부터 10 사이의 무작위 수] 블록을 가져와

[x: 0 y: 0 위치로 이동하기] 블록의

x좌표에 결합하고, 무작위수를 '−120'과 '70'으로 입력하여 변경합니다.

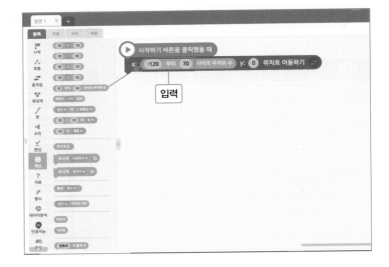

14 당근의 y좌표는 캥거루의 y좌표값 보다 '100' 큰 위치로 이동하도록 [계산()]의 블록을

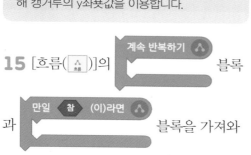 블록의 y좌표에 결합합니다. 그리고 블록의 왼쪽에는 블록의 '캥거루'의 'y좌푯값'으로 변경하고, 오른쪽에는 '100'을 입력하여 변경합니다.

──────── why

캥거루가 좌우로 움직였을 때 당근이 바로 닿지 않고 점프를 하여 가질 수 있도록, 당근이 캥거루보다 더 높은 위치로 나타나게 하기위해 캥거루의 y좌푯값을 이용합니다.

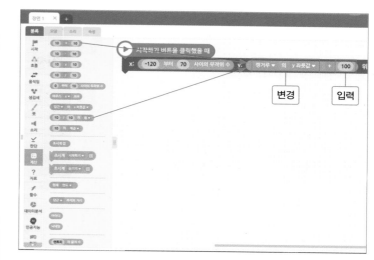

15 [흐름( )]의 블록과 블록을 가져와서 연결합니다.

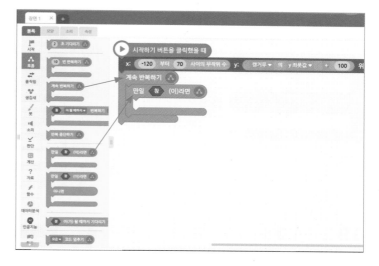

16 당근이 캥거루에 닿으면 캥거루 위치로 이동하도록 [판단( )]의 블록을 '캥거루'로 변경한 뒤 블록과 결합합니다.

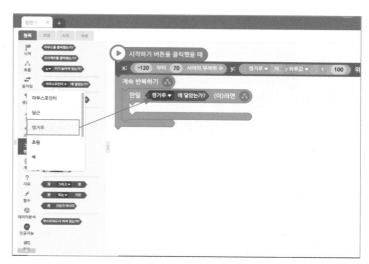

17 [움직임(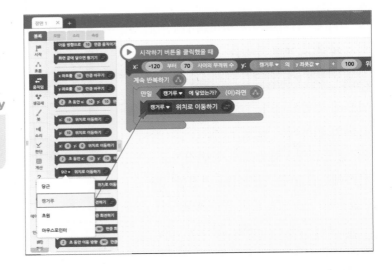)]의

당근 ▾ 위치로 이동하기 블록을 '캥거루'
로 변경하고 연결합니다.

_____ why

캥거루가 당근을 가져가는 것을 표현하기 위
해 당근이 캥거루의 위치로 이동합니다.

18 **▶ 시작하기 버튼을 클릭했을 때** 블록에

[흐름(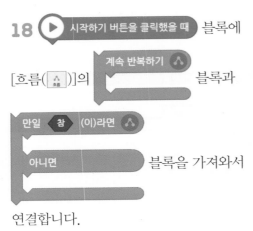)]의 **계속 반복하기** 블록과

만일 참 (이)라면

아니면 블록을 가져와서

연결합니다.

19 당근이 캥거루에 닿으면 당근의 색깔
이 바뀌도록 [판단(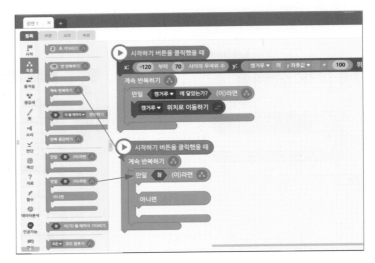)]의

마우스포인터 ▾ 에 닿았는가? 블록을 '캥거루'로

만일 참 (이)라면

변경한 뒤 블록과

결합합니다.

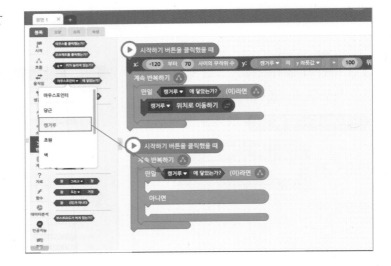

20 [생김새(　)]의

색깔 ▼ 효과를 0 (으)로 정하기 블록을
가져와서 효과를 '50'으로 입력하여 변경
하고 '만일 ~ 라면' 안에 연결합니다. 그렇
지 않은 경우에는

색깔 ▼ 효과를 0 (으)로 정하기 에서 효
과를 '0'으로 입력하여 변경하고 '아니면'
안에 연결합니다.

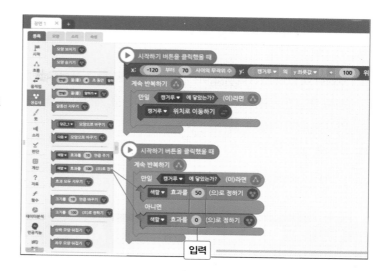

---

tip

블록 더 알아보기

선택 구조로 '만약 (참)이라면'과, '만약 (참이라면), 아니면'으로 구분하여 블록을 사용할 수 있습니다.

• 조건이 참인 경우

만일　참　(이)라면

만일 조건이 참인 경우 블록 안의 명령을 실행합니다.

• 조건이 참/거짓인 경우

만일　참　(이)라면

아니면

만일 조건이 참인 경우에는 '만일 ~ 라면' 안의 명령을 실행
하고, 조건이 거짓인 경우에는 '아니면' 안에 연결된 명령을
실행합니다.

---

21 ▶ 시작하기 를 클릭하여 캥거루가 좌우로 움직이고 점프하여 당근을 잘 가져가는지를 확
인합니다.

연산자 해결하기

컴퓨터의 연산 기능을 이용하여 데이터를 처리하고 프로그램 흐름을 제어할 수 있습니다.

'산술 연산'은 컴퓨터의 명령으로 사칙 연산을 계산하고, '비교 연산'은 두 개의 값을 비교합니다. 그리고 '논리 연산'은 참과 거짓의 결과를 나타내줍니다.

예제 **말과 얼룩말의 달리기 시합**

예제 파일 PART02₩예제04.ent

실 행 화 면

해 결 하 기 말과 얼룩말이 달리기 시합을 합니다. 심판이 출발을 알리면 말과 얼룩말이 달리기를 시작하고, 결승선에 도착하면 도착 시간을 말하도록 코딩합니다.

01 엔트리가 실행되면 [파일]−[오프라인 작품 불러오기]를 선택합니다.

02 [열기] 대화 상자가 나타나면 'PART 02' 폴더에서 '예제04.ent'파일을 선택하고 [열기]를 클릭합니다.

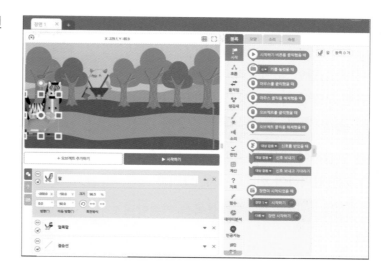

🦉 '심판' 오브젝트

03 파일이 열리면 심판(🦉) 오브젝트를 선택한 후 [시작(시작)]에서 ▶ 시작하기 버튼을 클릭했을 때 블록을 드래그 하여 블록 조립소로 가져옵니다.

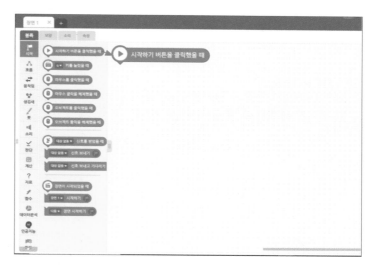

04 초시계가 실행 화면에 보이지 않도록 [계산(계산)]의 초시계 숨기기▼ 블록을 가져와 연결합니다.

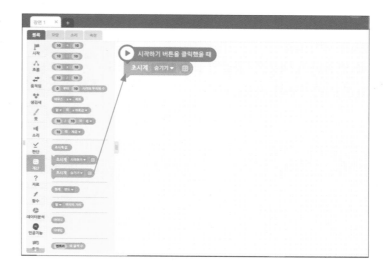

05 심판의 모양이 준비 모양으로 시작하도록 [생김새( )]의

준비 ▼ 모양으로 바꾸기 블록을 연결합니다. 심판이 '준비~'라고 말한 후 깃발을 올린 모양인 다음 모양으로 바꾸도록

안녕! 을(를) 4 초 동안 말하기 ▼ 블록을 연결하여 내용은 '준비~'를, 시간은 '1.5'를 입력하여 변경합니다. 그리고

다음 ▼ 모양으로 바꾸기 블록을 연결합니다.

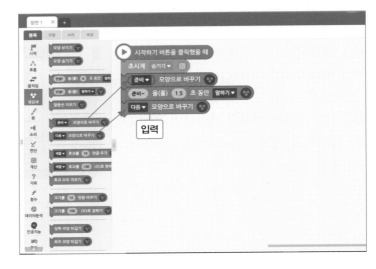

06 초시계가 시작하도록 [계산( )]의

초시계 시작하기 ▼ 블록을 연결합니다.

_____ **why**

심판이 깃발을 이용하여 준비, 출발 신호를 주면, 달리기 시간을 재기위해 초시계를 시작합니다.

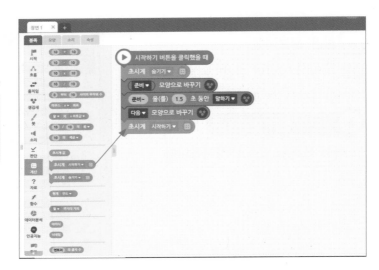

07 [생김새( )]의

안녕! 을(를) 4 초 동안 말하기 ▼ 블록을 연결하여 내용은 '출발!!!'를, 시간은 '0.5'를 입력하여 변경합니다.

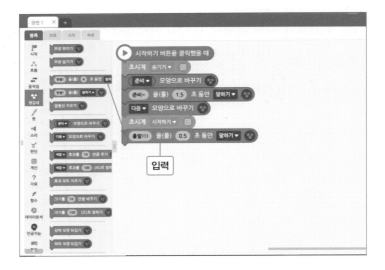

 '말' 오브젝트

08 말() 오브젝트를 선택한 후 [시작 ()]에서 ▶ 시작하기 버튼을 클릭했을 때 블록과 [움직임()]의

x: 0 y: 0 위치로 이동하기 블록을 연결합니다. 말의 처음 위치를 지정하도록 x좌표는 '−195', y좌표는 '−50'으로 입력하여 변경합니다.

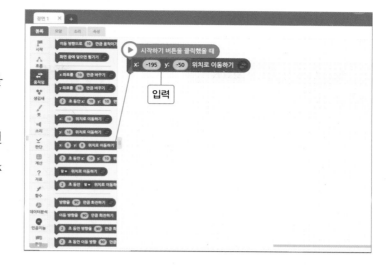

09 말이 2초 후 움직이도록 [흐름()]의 2 초 기다리기 블록과

참 이 될 때까지 ▼ 반복하기 블록을 가져와서 연결합니다.

— why

심판이 2초 동안 준비와 출발을 말하므로, 2초 후 출발 신호에 맞춰 말이 달리기 시작합니다.

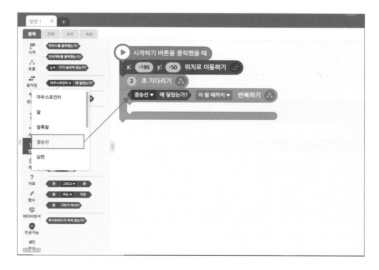

10 말이 결승선에 닿을 때까지 조건을 반복하도록 [판단()]의

마우스포인터 ▼ 에 닿았는가? 블록을 '결승선'으로 변경하여

참 이 될 때까지 ▼ 반복하기

블록과 결합합니다.

11 말이 속도를 달리하여 움직이도록 [움직임(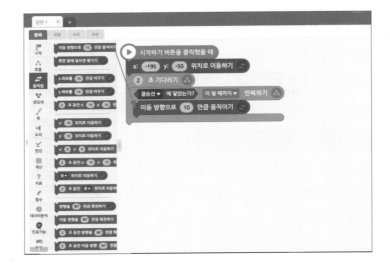)]의

이동 방향으로 10 만큼 움직이기 ⇄ 블록을 연결합니다.

12 [계산(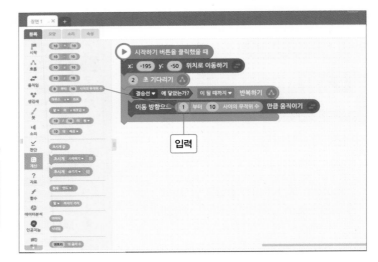)]의

0 부터 10 사이의 무작위 수 블록을 연결하고 앞의 숫자를 '1'로 입력하여 변경한 후

이동 방향으로 10 만큼 움직이기 ⇄ 블록과 결합합니다.

―――――――――― why

말이 일정한 속도가 아니라 변화하는 것을 나타내기 위해 이동 방향으로 1부터 10사이의 무작위 수만큼 움직이도록 하였습니다.

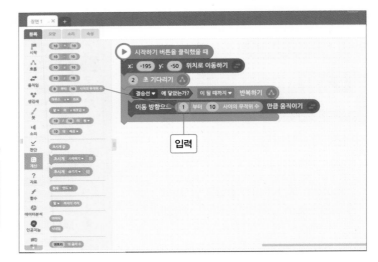

13 말이 0.2초마다 모양을 바꾸며 달리도록 [생김새(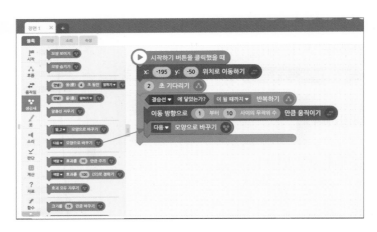)]의

다음 ▾ 모양으로 바꾸기 ◉ 블록을

참 이 될 때까지 ▾ 반복하기 ∧ 블록 안에

이어서 연결합니다.

14 [흐름()]의  블록도 블록 안에 연결하고, 시간을 '0.2'로 입력하여 변경합니다.

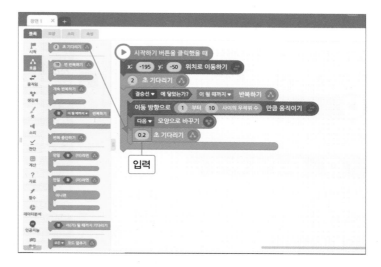

15 말이 결승선에 도착하면 달린 시간을 말하도록 [생김새( )]의

안녕! 을(를) 4 초 동안 말하기 블록을 연결하고 시간을 '1'초로 변경합니다.

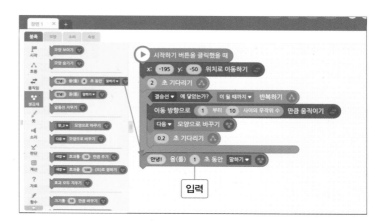

16 달린 시간을 나타내기 위해 [계산( )]의 안녕! 과(와) 엔트리 를 합치기 블록을 가져와

안녕! 을(를) 4 초 동안 말하기 의 내용으로 결합합니다.

안녕! 과(와) 엔트리 를 합치기 블록에서 앞의 내용은 초시계 값 블록과 결합하고, 뒤의 내용에는 '초 도착!'이라고 입력하여 변경합니다.

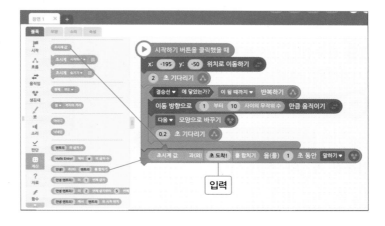

'얼룩말' 오브젝트

17 얼룩말( ) 오브젝트를 선택한 후 [시작( )]에서

시작하기 버튼을 클릭했을 때 블록과 [움직임( )]의

x: 0 y: 0 위치로 이동하기 블록을 연결합니다. 얼룩말의 처음 위치를 지정하도록 x좌표는 '−195', y좌표는 '−15'로 입력하여 변경합니다.

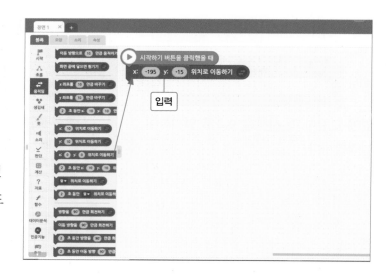

18 남은 얼룩말의 코드 블록은 말과 동일하게 작성합니다. (**09~16**)

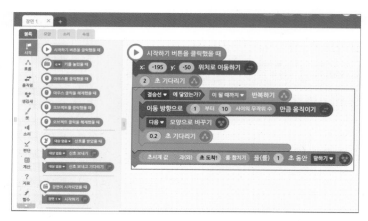

'결승선' 오브젝트

19 결승선( ) 오브젝트를 선택한 후 [시작( )]에서

시작하기 버튼을 클릭했을 때 블록과 [흐름( )]의

참 이(가) 될 때까지 기다리기 블록을 가져와 연결합니다.

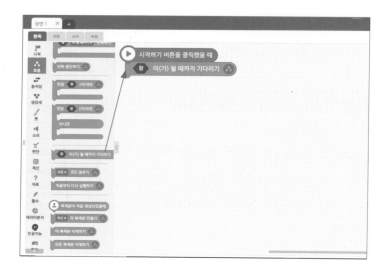

20 [판단( )]의 〈 참 그리고 ▼ 참 〉 블록을 가져와

〈 참 〉 이(가) 될 때까지 기다리기 블록과 결합합니다. 〈 마우스포인터 ▼ 에 닿았는가? 〉 블록을 '말'로 변경하여 〈 참 그리고 ▼ 참 〉 블록의 앞에 결합합니다.

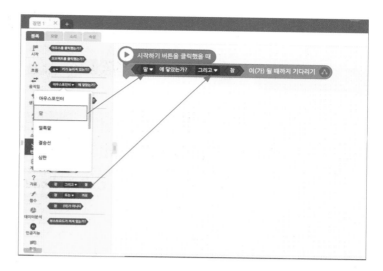

21 그리고 〈 마우스포인터 ▼ 에 닿았는가? 〉 블록을 '얼룩말'로 변경하여 〈 참 그리고 ▼ 참 〉 블록의 뒤에 결합합니다.

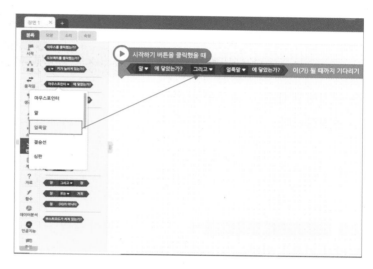

---

tip

블록 더 알아보기

연산자 중 논리 연산은 참과 거짓 결과를 생성하는 것이며, 종류는 그리고(AND), 또는(OR), ~아니다(NOT)이 있습니다.

블록	설명
〈 참 그리고 ▼ 참 〉	조건이 둘 다 참인 경우에만 동작합니다.
〈 참 또는 ▼ 거짓 〉	조건이 둘 중 하나라도 참인 경우에 동작합니다.
〈 참 (이)가 아니다 〉	조건이 참이 아니면 동작하거나 거짓이 아니면 동작하므로, 조건의 반대인 경우가 참이라고 생각하면 됩니다.

22 말과 얼룩말의 달리기 기록을 말하는 것을 충분히 기다리도록 [흐름( )]의 `2 초 기다리기` 블록을 연결합니다.

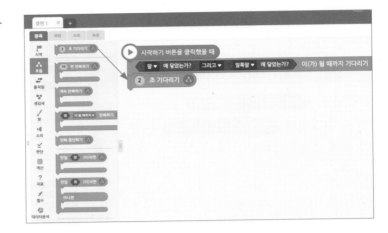

23 말과 얼룩말 모두 결승선에 도착하면 완주를 축하한다고 말하도록 [생김새( )]의 `안녕! 을(를) 4 초 동안 말하기` 블록을 연결하고 내용을 '완주를 축하합니다.'로 변경합니다.

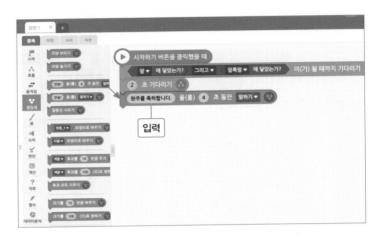

24 `▶ 시작하기` 를 클릭하여 심판이 출발을 알리면 말과 얼룩말이 달리고, 결승선에 도달하면 달리기 기록을 말하는지를 확인합니다.

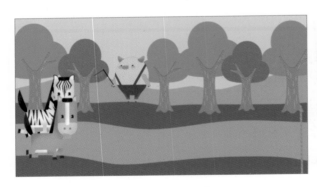

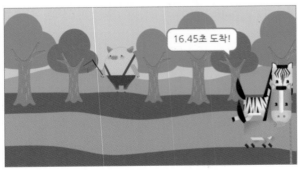

'PART02' 폴더에서 '연습문제02.ent'파일을 불러와서, 〈처리조건〉에 맞게 코딩하여 프로그램을 완성합니다. (주어진 주요 블록을 모두 사용합니다.)

〈처리조건〉
초시계가 시작한다.
나비가 마우스 포인터를 따라 움직이며,
시간이 10초 이상 지나면 나비의 색깔이
바뀐다.

🦋 '나비' 오브젝트

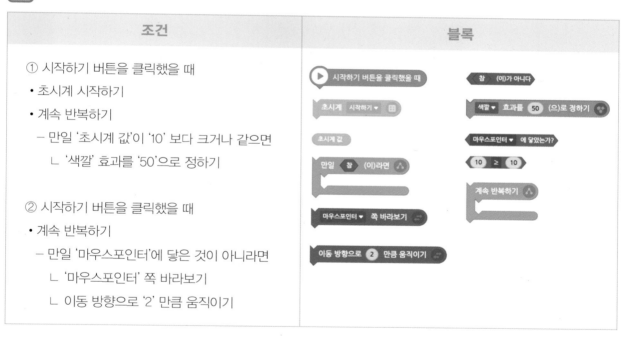

조건	블록
① 시작하기 버튼을 클릭했을 때 • 초시계 시작하기 • 계속 반복하기 　– 만일 '초시계 값'이 '10' 보다 크거나 같으면 　　ㄴ '색깔' 효과를 '50'으로 정하기 ② 시작하기 버튼을 클릭했을 때 • 계속 반복하기 　– 만일 '마우스포인터'에 닿은 것이 아니라면 　　ㄴ '마우스포인터' 쪽 바라보기 　　ㄴ 이동 방향으로 '2' 만큼 움직이기	시작하기 버튼을 클릭했을 때 / 참 (이)가 아니다 / 초시계 시작하기 ▾ / 색깔 ▾ 효과를 50 (으)로 정하기 / 초시계 값 / 마우스포인터 ▾ 에 닿았는가? / 만일 참 (이)라면 / 10 ≥ 10 / 계속 반복하기 / 마우스포인터 ▾ 쪽 바라보기 / 이동 방향으로 2 만큼 움직이기

🦋 '나비' 오브젝트

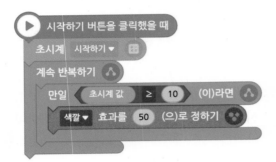

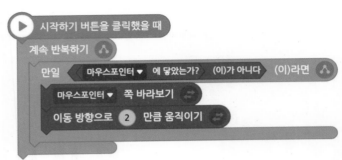

CHAPTER

03 : 변수, 리스트

개념 **변수 사용하여 해결하기**

변수는 변하는 값을 담을 수 있는 공간, 혹은 변하는 수를 말합니다. 예를 들어, 컵 하나를 준비하여 '컵1' 이라고 이름을 써서 붙여두고 물을 담을 수도 있고, 우유를 담을 수도 있습니다. 이와 마찬가지로 '점수'라는 이름으로 변수를 만들어 '0'을 저장할 수 있고 '5'를 저장할 수도 있습니다.

예제 **하트 모으기**

예제 파일 PART02₩예제05.ent

실 행 화 면

해 결 하 기 곰이 왼쪽 화살표 키와 오른쪽 화살표 키를 누를 때 좌우로 움직입니다. 하트에 닿을 때마다 '하트 수' 값이 증가하도록 코딩합니다.

01 엔트리가 실행되면 [파일]-[오프라인 작품 불러오기]를 선택합니다.

02 [열기] 대화 상자가 나타나면 'PART 02' 폴더에서 '예제05.ent'파일을 선택하고 [열기]를 클릭합니다.

03 파일이 열리면 [속성] 탭에서 [변수]-[변수추가하기]를 클릭하여 변수를 만듭니다. 변수 이름은 '하트수' 라고 만들고 '모든 오브젝트에 사용', '일반 변수로 사용'으로 설정합니다. 변수 기본값은 '0'으로 정합니다.

'곰' 오브젝트

04 곰( ) 오브젝트를 선택한 후 [시작( )]에서 `시작하기 버튼을 클릭했을 때` 블록을 드래그하여 블록 조립소로 가져옵니다.

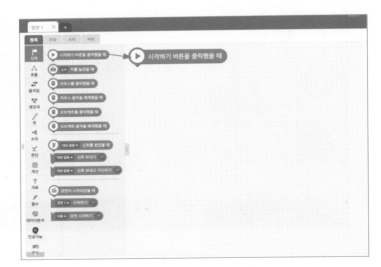

05 [흐름(⚙)]의

참 이(가) 될 때까지 기다리기 ⚙ 블록을 가

져와서 ▶ 시작하기 버튼을 클릭했을 때 블록

아래에 연결합니다. [판단(✓)]에서

10 = 10 블록을 가져와서

참 이(가) 될 때까지 기다리기 ⚙ 블록 안에

넣습니다. [자료(?)]에서 하트수 ▼ 값 를

가져와 10 = 10 블록의 왼쪽에 넣

고, 오른쪽의 값은 '5'로 수정하여 입력합

니다.

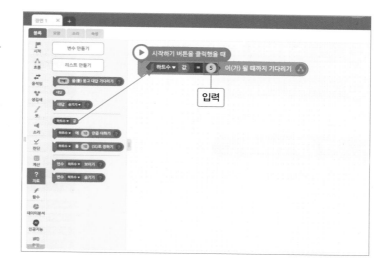

05 [생김새(😊)]의

안녕! 을(를) 4 초 동안 말하기 ▼ 🔊 블록

을 연결하고 내용을 '성공'으로 입력하고,

'2' 초로 수정하여 입력합니다. [흐름(⚙)]

의 모든 ▼ 코드 멈추기 ⚙ 블록을 연결합니

다.

――――――――――― why

모든 ▼ 코드 멈추기 ⚙ 를 사용해. 하트가 멈추

지 않고 계속 나타나는 것을 막습니다.

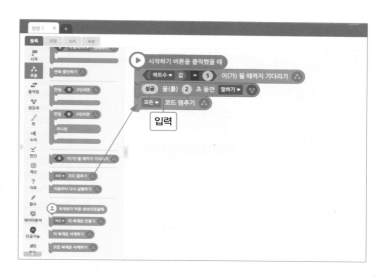

06 [시작(▶)]에서

⌨ q ▼ 키를 눌렀을 때 를 가져와

⌨ 오른쪽 화살표 ▼ 키를 눌렀을 때 로 설정을

바꾸어 줍니다. [움직임(🔄)]에서

x 좌표를 10 만큼 바꾸기 🔄 를 가져와 연

결합니다.

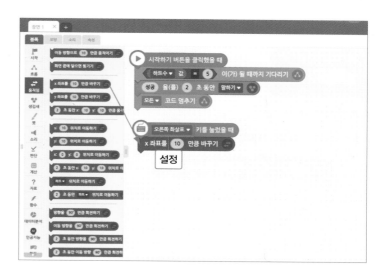

07 [시작()]에서

 를 가져와

 로 설정을 바꾸어 줍니다. [움직임()]의

 를 가져와 연결한 후, '−10'으로 수정하여 입력합니다.

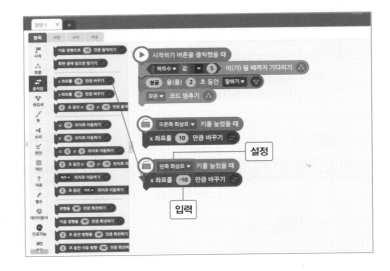

 '하트' 오브젝트

08 하트(♥) 오브젝트를 선택한 후 [시작()]에서  블록을 드래그하여 블록 조립소로 가져옵니다. [흐름()]에서

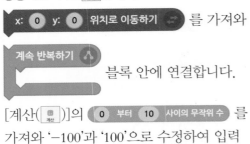

블록을 가져와 연결합니다.

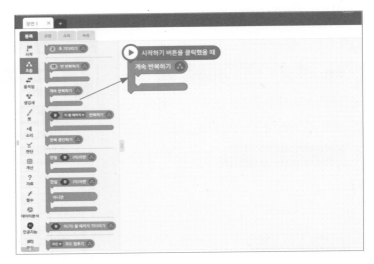

09 [움직임()]에서

 를 가져와

 블록 안에 연결합니다.

[계산()]의  를 가져와 '−100'과 '100'으로 수정하여 입력한 후  블록의 x 값 위치에 넣습니다. y 값은 '120'으로 수정하여 입력합니다.

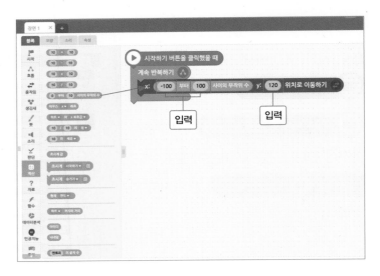

──────────── why

하트가 위에서 아래로 나타날 때 어느 위치에서 나타날지 모르도록 무작위 수를 사용합니다.

10 [생김새(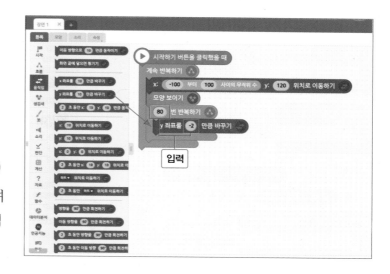)]의 모양 보이기 를 가져와 연결합니다. [흐름(▲)]의 10 번 반복하기 블록을 가져와 연결한 후 '80'으로 수정하여 입력합니다. [움직임(⇄)]의 y좌표를 10 만큼 바꾸기 블록을 가져와 연결한 후, '−2'로 수정하여 입력합니다. '하트'가 '80' 회 반복해 '−2'씩 아래로 내려옵니다.

입력

11 [생김새(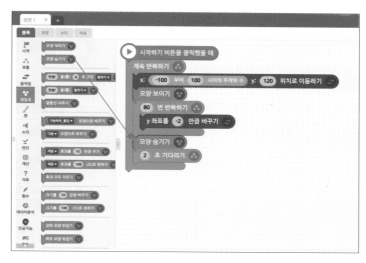)]의 모양 숨기기 블록을 가져와 연결하고, [흐름(▲)]의 2 초 기다리기 블록을 가져와 연결합니다.

— why

하트가 내려와 사라진 뒤 위쪽에서 다시 나타나기 전에, 시간 간격을 두기 위하여 2 초 기다리기 블록을 사용합니다.

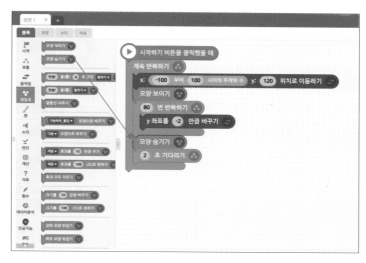

12 [시작(▶)]에서 ▶ 시작하기 버튼을 클릭했을 때 블록을 드래그하여 블록 조립소로 가져옵니다. [흐름(▲)]에서 계속 반복하기 블록을 가져와 연결합니다.

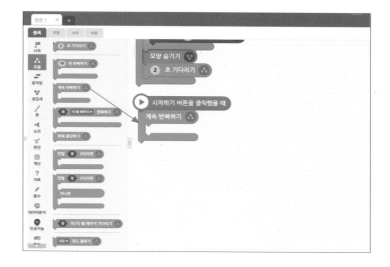

13 [흐름()]에서

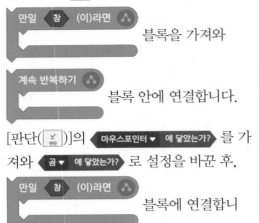 블록을 가져와

블록 안에 연결합니다.
[판단(✓)]의 <마우스포인터 ▼ 에 닿았는가?> 를 가
져와 <곰 ▼ 에 닿았는가?> 로 설정을 바꾼 후,

블록에 연결합니
다.

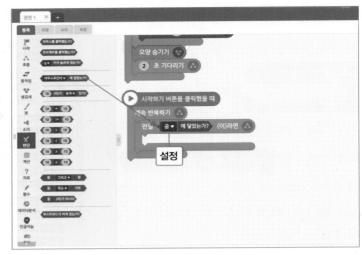

14 [자료 ?]에서

<하트수 ▼ 에 10 만큼 더하기 ?> 를 가져와
'1'로 수정하여 입력합니다. [생김새 ♥]의

<모양 숨기기 ♥> 블록을 가져와 연결합니
다.

━━━━━━━━━━━━ why

'곰'에 닿은 후 '하트'를 바로 숨겨서 변수 값
인 '하트수'가 정확히 '1' 만큼 늘어나게 합니다.
'하트'가 닿은 후 숨기지 않은 채 보이면서 아
래로 내려간다면 계속 변수가 늘어나게 되어
'1' 만큼이 아니라 더 많은 수가 증가하게 됩니
다.

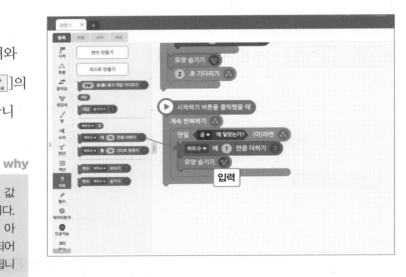

15  를 클릭하여 '곰'이 왼쪽 화살표 키와 오른쪽 화살표 키로 좌우로 움직이며, '하트'에 닿으면 '하트수'의 값이 증가하는지를 확인합니다.

---

tip

블록 더 알아보기

변수 ▼ 를 10 (으)로 정하기 ? 와 변수 ▼ 에 10 만큼 더하기 ? 를 구분해 사용해야 합니다. 변수 ▼ 를 10 (으)로 정하기 ? 는 지정한 특정 값의 수로 변수의 값을 결정해 주는 것입니다. 즉 현재 값이 무엇이었든 '10'으로 변수 값이 정해집니다. 그러나, 변수 ▼ 에 10 만큼 더하기 ? 블록을 사용하면, 현재의 수에서 상대적으로 '10' 만큼 더 커지는 것입니다. 즉, 변수 값이 현재 '100' 이었다면 '110'으로 늘어나게 됩니다.

개념 리스트 사용하여 해결하기

리스트를 만들어 사용하면 하나 이상의 값들을 하나로 묶어 관리하고 순서를 정해 관리할 수 있습니다. 특정 순서에 새로운 값을 추가할 수 있고, 삭제하거나 바꿀 수도 있습니다. 이름을 하나 정하여 리스트를 만든 후 그 안에 여러 항목을 추가하여 편리한 기능들을 사용해 봅시다.

예제 무대순서 안내

예제 파일 PART02₩예제06.ent

실행화면

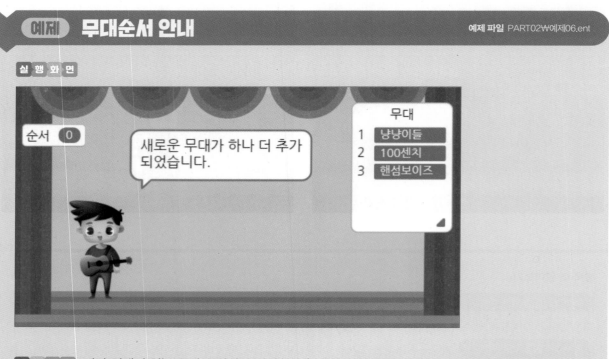

해결하기 이미 정해져 있는 무대 공연의 순서인 '무대' 리스트에 3번째 순서로 새로운 공연팀의 이름을 추가한 후, 순서대로 안내하도록 코딩합니다.

01 엔트리가 실행되면 [파일]−[오프라인 작품 불러오기]를 선택합니다.

02 [열기] 대화 상자가 나타나면 'PART 02' 폴더에서 '예제06.ent'파일을 선택하고 [열기]를 클릭합니다.

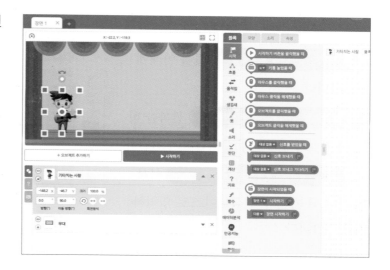

03 파일이 열리면 [속성] 탭에서 [리스트]−[리스트 추가하기]를 클릭하여 리스트를 만듭니다. 리스트 이름은 '무대' 라고 만들고 '모든 오브젝트에 사용', '일반 리스트로 사용'으로 설정합니다.

'기타치는 사람' 오브젝트

04 기타치는 사람( ) 오브젝트를 선택한 후 [시작( )]에서

시작하기 버튼을 클릭했을 때 블록을 드래그하여 블록 조립소로 가져옵니다.

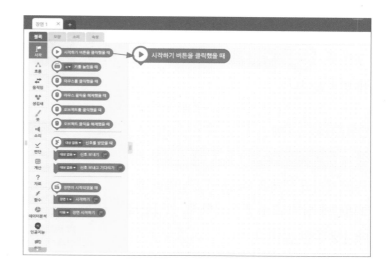

05 [자료(?)]에서

[10 항목을 무대▼ 에 추가하기 ?] 블록을 가져와 내용을 '냥냥이들'로 입력한 후,

[▶ 시작하기 버튼을 클릭했을 때] 블록 아래에 연결합니다.

[10 항목을 무대▼ 에 추가하기 ?] 블록을 하나 더 가져와 '100센치'로 입력하여 연결하고, [10 항목을 무대▼ 에 추가하기 ?] 블록을 하나 더 가져와 '핸섬보이즈'로 입력하여 연결합니다.

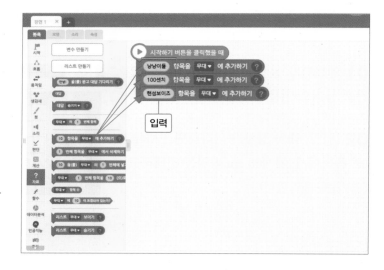

06 [시작(⬛)]에서

[⌨ q ▼ 키를 눌렀을 때] 를 가져와

[⌨ 스페이스 ▼ 키를 눌렀을 때] 로 설정을 바꿉니다. [생김새(😊)]의

[안녕! 을(를) 4 초 동안 말하기▼ 😊] 블록을 가져와 '새로운 무대가 하나 더 추가되었습니다.'로 내용을 입력하고 '2' 초로 수정한 후, [⌨ 스페이스 ▼ 키를 눌렀을 때] 아래에 연결합니다.

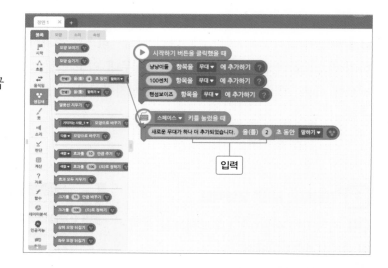

07 [자료 ?]에서

[10 을(를) 무대▼ 의 1 번째에 넣기 ?] 블록을 가져와 내용을 '뉴걸즈'로 입력한 후, '3'번째에 넣기로 수정 입력한 후 연결합니다. [생김새(😊)]의

[안녕! 을(를) 4 초 동안 말하기▼ 😊] 블록을 가져와 '공연순서는 다음과 같습니다.'로 내용을 입력한 후 연결합니다.

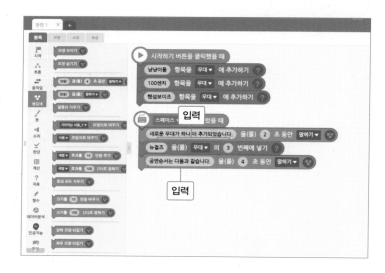

08 [흐름(△)]의 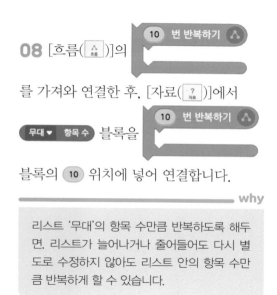 를 가져와 연결한 후, [자료(? 자료)]에서

무대 ▼ 항목 수 블록을

번 반복하기 블록의 10 위치에 넣어 연결합니다.

— why

리스트 '무대'의 항목 수만큼 반복하도록 해두면, 리스트가 늘어나거나 줄어들어도 다시 별도로 수정하지 않아도 리스트 안의 항목 수만큼 반복하게 할 수 있습니다.

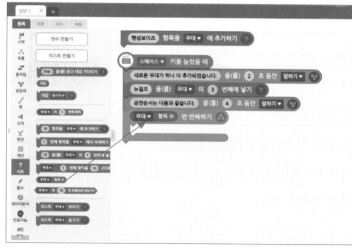

09 [속성] 탭에서 [변수]-[변수 추가하기]를 클릭하여 변수를 만듭니다. 변수 이름은 '순서' 라고 만들고 '모든 오브젝트에 사용', '일반 변수로 사용'으로 설정합니다. 변수 기본값은 '0'으로 정합니다.

10 [자료(? 자료)]의

순서 ▼ 에 10 만큼 더하기 블록을 가져와 '1'로 수정 입력한 후,

무대 ▼ 항목 수 번 반복하기 블록 안에

연결합니다. [자료(? 자료)]에서

무대 ▼ 의 1 번째 항목 와 순서 ▼ 값 을 가져옵니다.

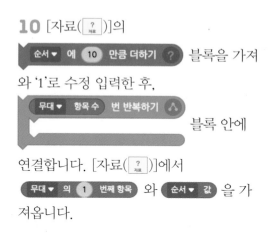

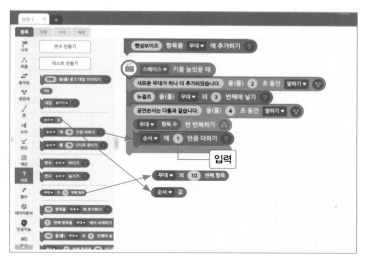

11 (무대 ▼) 의 (1) 번째 항목 안에 (순서 ▼) (값) 을 넣어 연결하여,

(무대 ▼) 의 (순서 ▼) (값) (번째 항목) 처럼 만듭니다. 의

(안녕!) 을(를) (4) 초 동안 (말하기 ▼) 블록을 가져와 (무대 ▼) 의 (순서 ▼) (값) (번째 항목) 을 넣은 후, (순서 ▼) 에 (1) 만큼 더하기 블록 아래에 연결합니다.

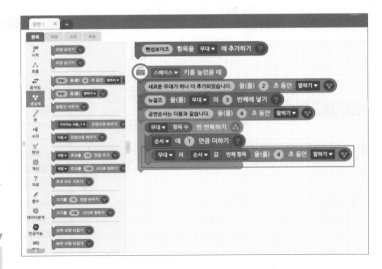

— why

변수 '순서'의 처음 값은 0으로 정해져 있습니다. '1'을 증가시킨 후 '무대' 리스트의 항목 순서 1의 값을 말하게 하고, 1씩 증가시키면서 항목 수만큼 반복하면 '무대' 리스트가 가진 항목들을 차례로 모두 말하게 됩니다.

12 의

(안녕!) 을(를) (4) 초 동안 (말하기 ▼) 블록을 가져와 '공연을 시작합니다.'로 내용을 입력하고 '2' 초로 수정 입력합니다.

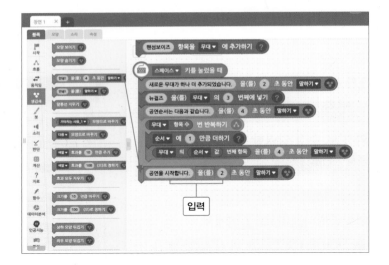

입력

13  를 클릭하여 리스트 '무대'에 새롭게 항목이 추가되고, 순서대로 리스트의 항목 값들을 말하기 하는지를 확인합니다.

tip

블록 더 알아보기

• 리스트 이름 설정

리스트를 여러 개 만들어 둔 경우, 리스트 이름을 꼭 확인해 사용합니다. 여러 개의 리스트 중 설정을 정확히 하지 않으면 다른 리스트에 항목이 추가됩니다.

> 10 항목을 소속사 ▾ 에 추가하기 ?
>   소속사
>   무대

• 새로운 항목을 추가하는 두 가지 방법

> 10 항목을 리스트 ▾ 에 추가하기 ? 블록으로 추가하면 새롭게 추가하는 항목이 맨 끝의 순서로 추가됩니다.

> 10 을(를) 리스트 ▾ 의 1 번째에 넣기 ? 블록을 사용해 추가하면 리스트의 특정 순서에 새로운 항목을 추가하게 됩니다. 해당 순서 뒤에 오는 기존에 있던 항목들은 밀린 순서대로 다시 순서가 정해집니다.

'PART02' 폴더에서 '연습문제03.ent'파일을 불러와서, 〈처리조건〉에 맞게 코딩하여 프로그램을 완성합니다. (주어진 주요 블록을 모두 사용합니다.)

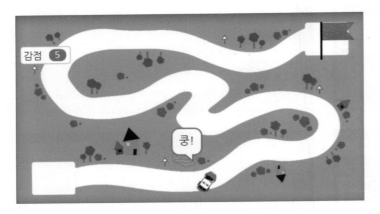

〈처리조건〉

스페이스 키를 눌렀을 때, '파란 경찰차'는 마우스 포인터를 따라 움직이기 시작한다. 길이 아닌 배경에 닿으면 '쿵' 하며 감점이 증가한다. '깃발'에 도착하면 모든 코드가 멈춘다.

🎮 '파란 경찰차' 오브젝트

조건	블록

◎ 시작하기 버튼을 클릭했을 때
• 계속 반복하기
  – 만일 '카레이스 배경'에 닿았는가 라면
    └ '감점'에 '1' 만큼 더하기
    └ '쿵!'을 '1' 초 동안 '말하기
 	
◎ '스페이스' 키를 눌렀을 때
• 계속 반복하기
  – '마우스포인터' 쪽 바라보기
  – 방향을 '180도' 만큼 회전하기
  – '0.2' 초 동안 '마우스포인터' 위치로 이동하기
	▶ 시작하기 버튼을 클릭했을 때
	
	q ▼ 키를 눌렀을 때
	
	마우스포인터 ▼ 에 닿았는가?
	
	변수 ▼ 에 10 만큼 더하기 ?
	
	마우스포인터 ▼ 쪽 바라보기
	
	2 초 동안 마우스포인터 ▼ 위치로 이동하기

⚑ '깃발' 오브젝트

조건	블록
◎ 시작하기 버튼을 클릭했을 때 • '파란 경찰차'에 닿았는가 가 될 때까지 기다리기 • '모든' 코드 멈추기	▶ 시작하기 버튼을 클릭했을 때 참 이(가) 될 때까지 기다리기 ∧ 모든▼ 코드 멈추기 ∧

※ 2급 시험에서는 주요블록만 힌트로 제시됩니다. 제시된 것 이외의 블록도 찾아서 완성할 수 있도록 연습합시다.

정답 ....

⏺ '파란 경찰차' 오브젝트   ### ⚑ '깃발' 오브젝트

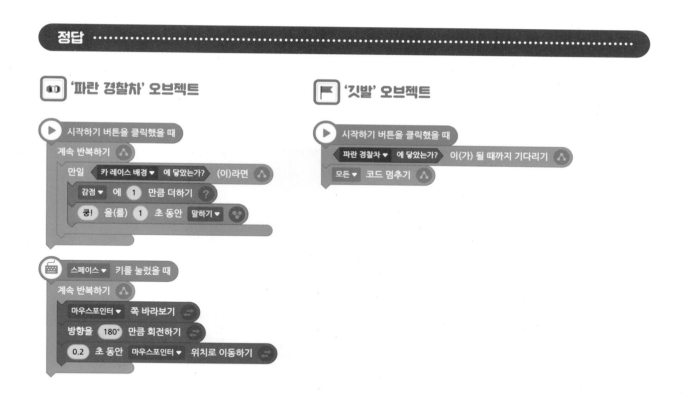

CHAPTER

04 : 신호, 복제

개념 신호 사용하여 해결하기

옆자리의 친구에게 함께 매점에 가자고 하고 싶을 때, 어떻게 해야 할까요? 아무 말도 안 하고, 어떤 표현도 하지 않는다면 친구는 꼼짝하지 않겠지요. 매점 가자고 할 때 하는 손짓이든, '매점 가자'는 말이든 표현을 해야 친구가 움직일 것입니다. 오브젝트들 사이에도 '신호'를 보내 그 '신호'를 받은 오브젝트를 작동하도록 만들 수 있습니다.

예제 기차 안에서

예제 파일 PART02₩예제07.ent

실행화면

해결하기 할머니가 기차 안에서 좌석을 찾은 후, 할아버지를 부릅니다. 할머니가 보낸 신호를 받아 할아버지가 와서 옆에 앉도록 코딩합니다.

01 엔트리가 실행되면 [파일]-[오프라인 작품 불러오기]를 선택합니다.

02 [열기] 대화 상자가 나타나면 'PART 02' 폴더에서 '예제07.ent' 파일을 선택하고 [열기]를 클릭합니다.

📱 '할머니' 오브젝트

03 파일이 열리면 할머니(📱) 오브젝트를 선택한 후 [시작(📋)]에서

▶ **시작하기 버튼을 클릭했을 때** 블록을 드래그하여 블록 조립소로 가져옵니다.

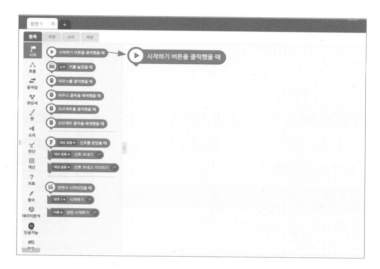

04 [생김새(❀)]의

안녕! 을(를) **4** 초 동안 **말하기 ▼** ❀ 를 가져와 '우리 자리가 여기군!'로 내용을 입력한 후 '2' 초로 수정 입력하여,

▶ **시작하기 버튼을 클릭했을 때** 블록 아래에 연결합니다.

안녕! 을(를) **4** 초 동안 **말하기 ▼** ❀ 블록을 하나 더 가져와서 '영감, 이리 와요!'로 내용을 입력한 후 '2' 초로 수정 입력하여 연결합니다.

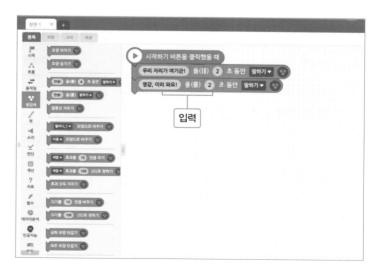

05 [속성] 탭에서 [신호]−[신호 추가하기]를 클릭하여 신호를 만듭니다. 신호 이름은 '영감'이라고 만듭니다.

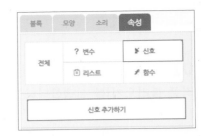

06 [시작(시작)]에서

영감 ▾ 신호 보내기 🏁 를 가져와 연결합니다.

──────────── **why**

'할머니' 오브젝트에서 '영감' 신호를 보내는 이유는 '할아버지' 오브젝트가 신호를 받도록 하기 위해서입니다. 하나의 오브젝트에서 신호를 보내지만, 신호를 받는 오브젝트는 여러 개가 되도록 만들 수도 있습니다.

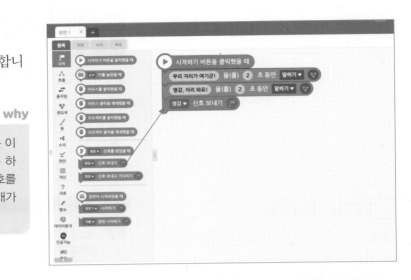

07 할아버지에게 신호를 보낸 후, 할머니가 자리에 앉도록 코드를 작성합니다. [움직임(움직임)]의

2 초 동안 x: 10 y: 10 위치로 이동하기 ⇄

를 가져와 연결합니다. '1' 초 동안 x좌표 '70' y좌표 '−40' 위치로 이동하도록 값을 수정 입력하여 연결합니다.

2 초 동안 x: 10 y: 10 위치로 이동하기 ⇄

를 한번 더 가져옵니다. '0.5' 초 동안 x좌표 '100' y좌표 '−65' 위치로 이동하도록 값을 수정 입력하여 연결합니다.

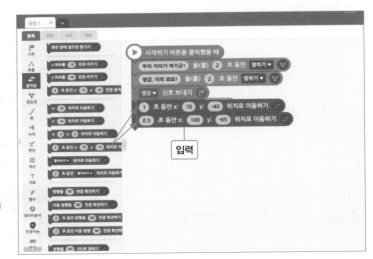

입력

 '할아버지' 오브젝트

08 할아버지( ) 오브젝트를 선택한 후 [시작( )]에서

시작하기 버튼을 클릭했을 때 블록을 가져옵니다. [생김새( )]의 모양 숨기기

블록을 가져와

시작하기 버튼을 클릭했을 때 블록 아래에 연결합니다.

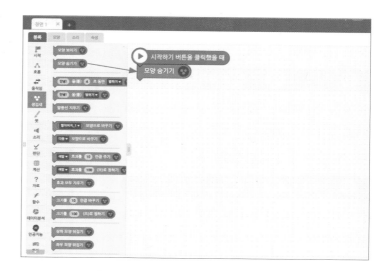

09 '할아버지' 오브젝트가 신호를 받을 수 있도록 [시작( )]에서

영감 ▼ 신호를 받았을 때 블록을 가져옵니다.

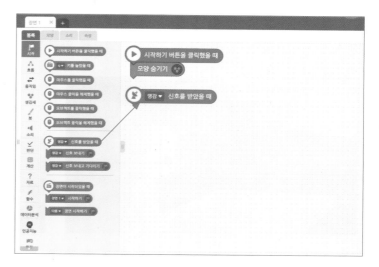

10 [생김새( )]의 모양 보이기 블록을 가져와 영감 ▼ 신호를 받았을 때 블록 아래에 연결합니다.

──────────────── why

시작하면 '할아버지'는 보이지 않다가 '할머니'가 보낸 '영감' 신호를 받았을 때 나타납니다.

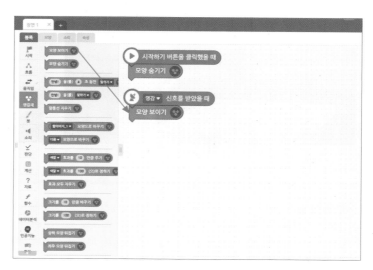

11 '할아버지'가 '할머니' 옆으로 다가오도록 [움직임( )]의

`2 초 동안 x: 10 y: 10 위치로 이동하기`

블록을 연결하고 시간을 '2' 초로 바꾸고, x좌표를 '110', y좌표를 '-60'으로 변경합니다. '할아버지'가 자리에 앉도록

`2 초 동안 x: 10 y: 10 위치로 이동하기`

블록을 하나 더 가져와 '1' 초로 바꾸고, x좌표를 '140', y좌표를 '-90'으로 변경합니다.

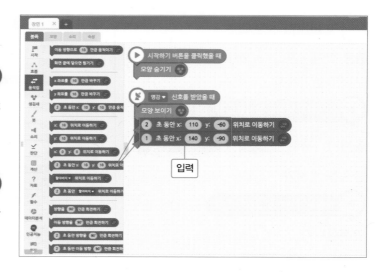

12 `▶ 시작하기` 를 클릭하여 '할머니'가 기차 안에서 자리를 찾아 '할아버지'에게 신호를 보내면, 할아버지가 신호를 받았을 때 '할머니' 옆으로 와서 앉는지를 확인합니다.

tip

블록 더 알아보기

블록	설명
대상 없음 ▾ 신호 보내기	신호를 보낸 오브젝트는 신호를 보낸 뒤, 아래에 연결된 블록을 곧바로 순차적으로 실행합니다.
대상 없음 ▾ 신호 보내고 기다리기	신호를 받은 다른 오브젝트가 해당 작업을 마치기를 기다린 후, 이 블록 다음에 이어지는 작업을 수행합니다.

개념 복제 사용하여 해결하기

복제하면, 오브젝트 원본의 모양이 그대로 새롭게 부여되어 화면에 똑같은 것이 또 하나 나타납니다. 그러나 이 복제본은 모양은 같지만, 자신만의 별개 명령코드를 실행할 수 있습니다. 원본은 원본대로 이동하거나 다른 기능을 실행하고, 복제본은 각자 다른 움직임이나 실행 등을 할 수 있습니다.

예제 광선검 발사

예제 파일 PART02₩예제08.ent

실 행 화 면

해 결 하 기 유령이 여기저기에서 나타납니다. 광선검을 발사하면 광선이 발사되고 유령을 맞추면 유령이 반투명하게 바뀌도록 코딩합니다.

---

tip

복제에 관련된 블록들 사용 방법 예시

복제본 만들기를 하고(❶), 복제본이 생성된 후에 할일을 명령블록으로 작성(❷,❸)합니다. 복제본이 할일을 마치고 난후, 복제본 삭제(❹) 하는 경우가 대부분입니다. 단 경우에 따라 필요에 따라 삭제하기는 생략할 수도 있습니다.

01 엔트리가 실행되면 [파일]-[오프라인 작품 불러오기]를 선택합니다.

02 [열기] 대화 상자가 나타나면 'PART 02' 폴더에서 '예제08.ent' 파일을 선택하고 [열기]를 클릭합니다.

'유령' 오브젝트

03 파일이 열리면 유령( ) 오브젝트를 선택한 후 [시작(시작)]에서
▶ 시작하기 버튼을 클릭했을 때 블록을 드래 그하여 블록 조립소로 가져옵니다.

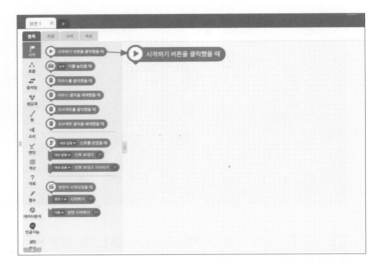

04 [흐름(흐름)]의
계속 반복하기 블록을 가져와 ▶ 시작하기 버튼을 클릭했을 때 블록 아래에 연결합니다. [생김새(생김새)]의
색깔 ▼ 효과를 100 (으)로 정하기 블록을 가져와 '투명도'로 설정하고, '0'으로 수정하여 입력합니다.

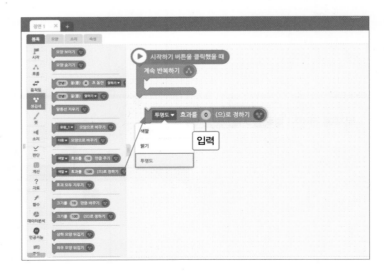

05 [흐름(🔼)]에서 2 초 기다리기 블록을 가져와 연결합니다. [생김새(👾)]의 색깔▼ 효과를 100 (으)로 정하기 🔷 블록을 가져와 '투명도'로 설정하고, '100'으로 수정하여 입력합니다.

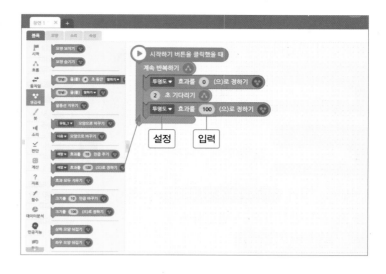

06 '유령'이 여기저기 나타날 수 있도록 [움직임(↔)]의 x: 10 위치로 이동하기 ↔ 블록을 가져와 연결한 후, [계산(🔢)]의 0 부터 10 사이의 무작위 수 블록을 가져와 '-200'부터 '200' 사이의 무작위 수가 되도록 수정 입력한 후, x: 10 위치로 이동하기 ↔ 10 에 넣어 결합합니다. [흐름(🔼)]의 2 초 기다리기 🔼 블록을 가져와 연결합니다.

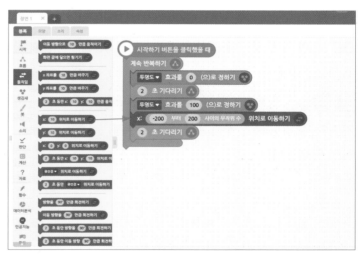

07 [시작(🚩)]에서 ▶ 시작하기 버튼을 클릭했을 때 블록을 드래그하여 블록 조립소로 가져옵니다. [흐름(🔼)]의 계속 반복하기 🔼 블록을 가져와 ▶ 시작하기 버튼을 클릭했을 때 블록 아래에 연결합니다.

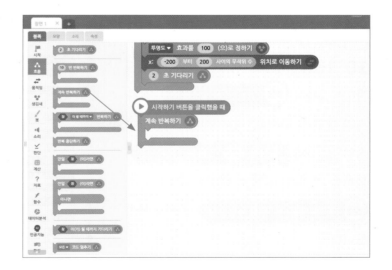

08 '유령'이 '광선검'이 발사한 복제본에 닿았는지 판단하도록 [흐름(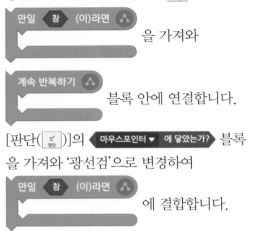)]의

만일 참 (이)라면 을 가져와

계속 반복하기 블록 안에 연결합니다.

[판단( )]의 마우스포인터 ▼ 에 닿았는가? 블록을 가져와 '광선검'으로 변경하여

만일 참 (이)라면 에 결합합니다.

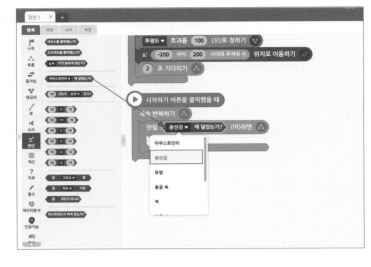

09 '유령'의 투명도에 영향을 주도록 [생김새( )]의

색깔 ▼ 효과를 100 (으)로 정하기 블록을 가져와 '투명도'로 설정하고, '70'으로 수정하여 입력합니다.

————————————————— why

유령은 '광선검'에 닿는 순간에는 투명도가 '70'이 됩니다. 그러나 이 오브젝트 내에서 계속 반복되는 다른 코드에 의해 '투명도' 값 '0'으로 다시 나타납니다.

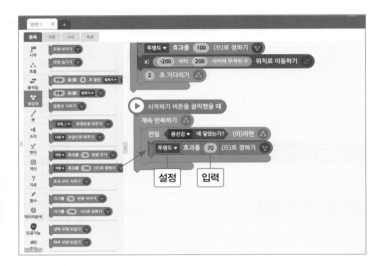

⚠ '광선검' 오브젝트

10 광선검( ) 오브젝트를 선택한 후 [시작( )]에서 🖱 q ▼ 키를 눌렀을 때 를 가져와 '오른쪽 화살표' 키로 변경합니다. [움직임( )]의 방향을 90° 만큼 회전하기 블록을 가져와 '10도'로 변경한 후, 🖱 오른쪽 화살표 ▼ 키를 눌렀을 때 아래에 연결합니다.

————————————————— why

'오른쪽 화살표' 키를 눌렀을 때 '광선검' 오브젝트 그림이 '10도' 회전합니다.

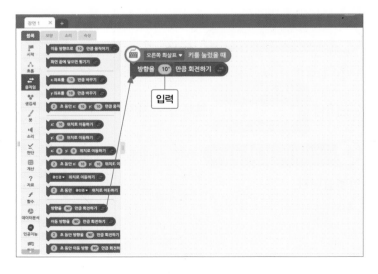

11 [시작(🏁)]에서

(⌨️ q▼ 키를 눌렀을 때) 를 가져와 '왼쪽 화살표' 키로 변경합니다. [움직임(🔄)]의

(방향을 90° 만큼 회전하기 🔄) 블록을 가져와 '−10도'로 변경한 후,

(⌨️ 왼쪽 화살표▼ 키를 눌렀을 때) 아래에 연결합니다.

——————————————— why

'왼쪽 화살표' 키를 눌렀을 때 '광선검' 오브젝트 그림이 '−10도' 회전합니다.

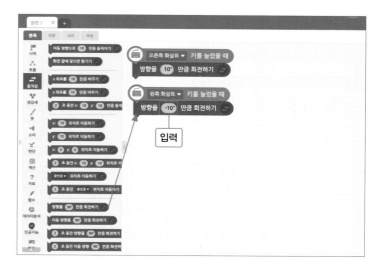

12 [시작(🏁)]에서

(⌨️ q▼ 키를 눌렀을 때) 를 가져와 '스페이스' 키로 변경합니다. [흐름(⚙️)]의

(자신▼ 의 복제본 만들기 ⚙️) 블록을 가져와 '광선검'으로 변경후,

(⌨️ 스페이스▼ 키를 눌렀을 때) 아래에 연결합니다.

——————————————— why

'스페이스' 키를 눌렀을 때 '광선검'의 복제본이 생성됩니다.

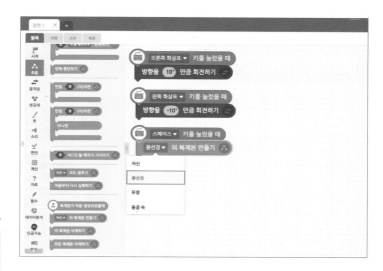

13 [흐름(⚙️)]의

(👤 복제본이 처음 생성되었을때) 블록을 가져옵니다. [움직임(🔄)]의

(이동 방향을 90° 만큼 회전하기 🔄) 블록을 가져와 '−90도'로 변경한 후,

(👤 복제본이 처음 생성되었을때) 블록 아래에 연결합니다.

——————————————— why

이동 방향의 처음 설정된 기본 값은 오른쪽이며 광선검이 검 끝 방향으로 복제본을 발사하도록 하려면, 기준 이동 방향인 오른쪽이 아니라 '−90도'를 회전시킨 방향이 되어야 합니다.

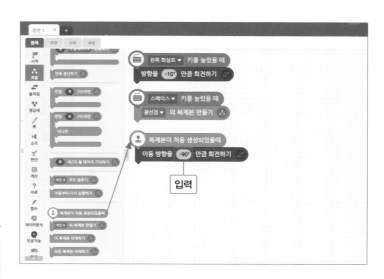

14 [흐름()]의

를 가져와

연결합니다.

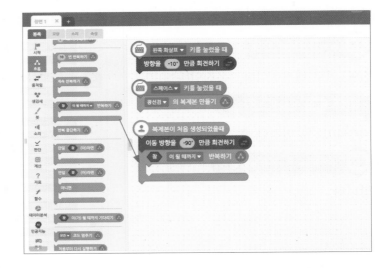

15 [판단()]의 블록을 가져와 '위쪽 벽'으로 변경하여

블록에 결

합하여 연결합니다.

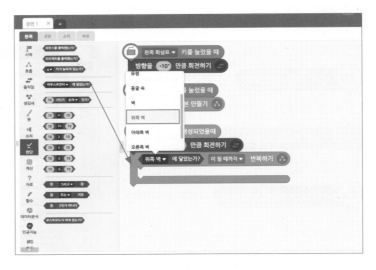

16 복제본이 이동방향으로 발사되어 나
아가도록 [움직임(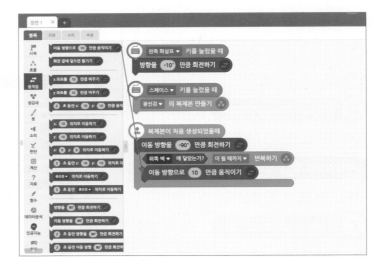)]의

이동 방향으로 10 만큼 움직이기 블록을

가져와 연결합니다.

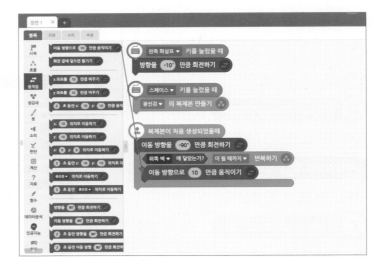

17 '위쪽 벽'에 닿은 후 복제본이 사라지도록 [흐름( )]에서

이 복제본 삭제하기 블록을 가져와 연결합니다.

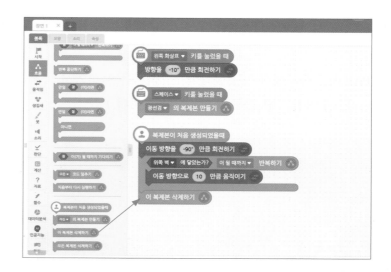

18 ▶ 시작하기 를 클릭하여 '유령'은 나타났다 사라지기를 반복하고 '광선검'을 회전시켜 조준할 수 있는지, '유령'이 '광선검'의 복제본을 맞으면 반투명해지는지 확인합니다.

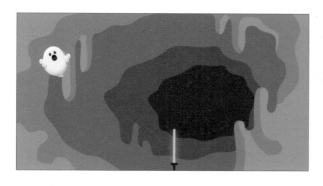

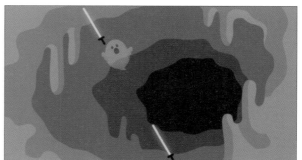

'PART02' 폴더에서 '연습문제04.ent'파일을 불러와서, 〈처리조건〉에 맞게 코딩하여 프로그램을 완성합니다. (주어진 주요 블록을 모두 사용합니다.)

〈처리조건〉

시작하면 잠자리가 복제되어 울타리 기둥마다 앉아 있다가 동시가 아닌, '1~3' 초 후 각각 날아갑니다.

사람이 보낸 '함성' 신호를 받은 후 잠자리들은 날개를 파닥거립니다.

⬛ '고추 잠자리' 오브젝트

조건	블록

① 시작하기 버튼을 클릭했을 때
• 모양 숨기기
• '5'번 반복하기
  – '자신'의 복제본 만들기
  – x좌표를 '60' 만큼 바꾸기
 	
② 복제본이 처음 생성 되었을 때
• 모양 보이기
• '1'부터 '3' 사이의 무작위 수 초 기다리기
• '1' 초 동안 x좌표 '150' y좌표 '180' 위치로 이동하기
 	
③ '함성' 신호를 받았을 때
• '25'번 반복하기
  – '다음' 모양으로 바꾸기
  – '0.1' 초 기다리기
	▶ 시작하기 버튼을 클릭했을 때
	
	🐦 대상 없음 ▾ 신호를 받았을 때
	
	모양 숨기기 🙂 모양 보이기 🙂
	
	자신 ▾ 의 복제본 만들기 🔺
	
	👤 복제본이 처음 생성되었을때

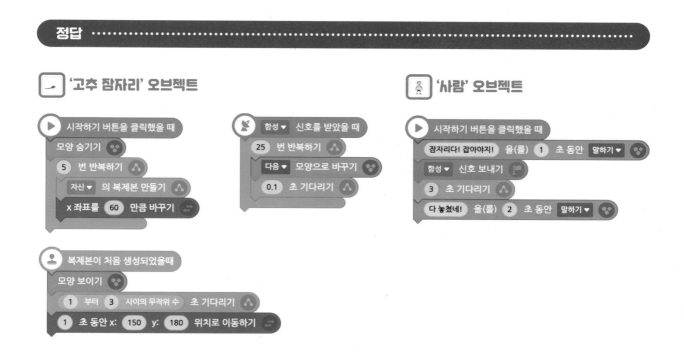

🧍 '사람' 오브젝트

조건	블록
① 시작하기 버튼을 클릭했을 때 • '잠자리다! 잡아야지!'를 '1' 초 동안 '말하기' • '함성' 신호 보내기 • '3' 초 기다리기 • '다 놓쳤네!'를 '2' 초 동안 '말하기'	▶ 시작하기 버튼을 클릭했을 때 대상 없음 ▼ 신호 보내기 🏳 안녕! 을(를) 4 초 동안 말하기 ▼ ⚙

※ 2급 시험에서는 주요블록만 힌트로 제시됩니다. 제시된 것 이외의 블록도 찾아서 완성할 수 있도록 연습합시다.

정답 ···

🗡 '고추 잠자리' 오브젝트

▶ 시작하기 버튼을 클릭했을 때
모양 숨기기 ⚙
5 번 반복하기 ⌃
　자신 ▼ 의 복제본 만들기 ⌃
　x 좌표를 60 만큼 바꾸기 ⇄

📡 함성 ▼ 신호를 받았을 때
25 번 반복하기 ⌃
　다음 ▼ 모양으로 바꾸기 ⚙
　0.1 초 기다리기 ⌃

👤 복제본이 처음 생성되었을때
모양 보이기 ⚙
1 부터 3 사이의 무작위 수 초 기다리기 ⌃
1 초 동안 x: 150 y: 180 위치로 이동하기 ⇄

🧍 '사람' 오브젝트

▶ 시작하기 버튼을 클릭했을 때
잠자리다! 잡아야지! 을(를) 1 초 동안 말하기 ▼ ⚙
함성 ▼ 신호 보내기 🏳
3 초 기다리기 ⌃
다 놓쳤네! 을(를) 2 초 동안 말하기 ▼ ⚙

학습 가이드

한국정보통신진흥협회에서 시험문제로 홈페이지에 샘플 문제를 공개하고 있습니다. 이번 파트는 이렇게 공개된 샘플 문제 중 중요한 유형의 문제를 가져와 자세히 풀이해 줍니다. 시험에 응시하여 어떻게 문제를 해결하는지 확인하는 마음으로, 각 유형의 방법을 차근차근 따라 해 봅시다.

PART 03

2급
공개 문제
따라하기

▶ 합격 강의

- ⊙ 시험과목 : 코딩활용능력 2급 (엔트리)
- ⊙ 시험일자 : 2024. 00. 00
- ⊙ 시험시간 : 40분
- ⊙ 응시자 기재사항 및 감독위원 확인

수검번호	CAS - 2401 -	감독위원 확인
성 명		

응시자 유의사항

1. 응시자는 신분증 또는 동등한 자격을 갖춘 증빙서류를 지참하여야 시험에 응시할 수 있으며, 시험이 종료될 때까지 신분증을 제시하지 못할 경우 해당 시험은 0점 처리됩니다.

2. 시스템(PC 작동 여부, 네트워크 상태 등)의 이상 여부를 반드시 확인하여야 하며, 시스템 이상이 있을 시 감독위원에게 조치를 받으셔야 합니다.

3. 시험 중 시스템 오류 또는 시스템 다운 증상에 대해서는 응시자 본인에게 책임이 있습니다.

4. 시험 중 부주의 또는 고의로 시스템을 파손한 경우는 응시자 부담으로 합니다.

5. 엔트리 버전은 최소 2.0.53 이상을 사용하여야 하며, 답안 전송 프로그램을 통하여 배포 받은 파일에 답안을 작성하시기 바랍니다. 감독위원의 지시에 따라 주시기 바랍니다.

6. 작성한 답안 파일은 답안 전송 프로그램을 통하여 자동으로 전송됩니다.

7. 다음 사항의 경우 실격(0점) 혹은 부정행위 처리됩니다.

    ① 답안을 저장하지 않았거나, 저장한 파일이 손상되었을 경우

    ② 답안 파일을 다른 보조 기억장치(USB) 혹은 네트워크(메신저, 게시판 등)로 전송할 경우

    ③ 휴대용 전화기 등 일체의 통신장비를 사용할 경우

8. 시험을 완료한 응시자는 답안을 저장하고, 답안 파일이 전송되었는지 확인 후 감독위원의 지시에 따라 문제지를 제출한 후 퇴실하여야 합니다.

9. 시험시간이 종료된 이후에는 답안의 수정 또는 정정이 불가합니다.

10. 시험시행 후 결과는 홈페이지(www.ihd.or.kr)에서 확인하시기 바랍니다.

    ① 문제 및 정답 공개 : 2024. 00. 00.

    ② 합격자 발표 : 2024. 00. 00.

한 국 정 보 통 신 진 흥 협 회

- 각 문제의 정답은 다음과 같은 규칙으로 ENT 파일을 저장하시오.
  - 저장 위치 : 바탕 화면 〉 KAIT 〉 제출파일 폴더
  - 파일명 : CAS_수검번호_이름.ent
  - ※ 예시 : 수검번호가 CAS-2401-0000000이고 수험자 이름이 홍길동인 경우
    "CAS_000000_홍길동.ent"로 저장할 것
- 수검 시 지문 순서대로 작업하며, 오브젝트 및 블록 등을 임의 추가 시 감점 처리됨
- [문제 2~3]은 블록코딩을 원칙으로 하며, 오브젝트 설정 창에서 설정 시 감점 처리됨

프로젝트 설명

아날로그시계는 숫자와 눈금이 표시된 시계판과 시를 나타내는 시침, 분을 나타내는 분침, 초를 나타내는 초침으로 구성된다. 시계가 현재 시각을 나타내도록 하고, 시계를 클릭하면 현재 시각이 오전인지 오후인지 알려주도록 한다. 시계를 클릭하면 장면이 바뀌고, 바뀐 장면을 클릭하면 처음으로 장면으로 되돌아간다.

문제 1 다음 [처리조건]에 따라 배경 및 개체를 설정하시오. (10점)

▶ 배경 설정하기

처리조건	배경	
① '장면1'에 '교실 뒤(2)' 배경을 불러오기 – 이름을 **교실**로 변경하기 ② '장면2'에 '교실(2)' 배경을 불러오기 – 이름을 **수업 시작**으로 변경하기	① 교실 뒤(2)	② 교실(2)

▶ 개체 설정하기 (오브젝트는 순서대로 불러올 것)

처리조건	오브젝트	

① '시계판' 오브젝트를 불러오기
   – 이름 **변경 없음**
② '시계 바늘(시침)' 오브젝트를 불러오기
   – 이름을 '**시침**'으로 변경하기
③ '시계 바늘(분침)' 오브젝트를 불러오기
   – 이름을 '**분침**'으로 변경하기
④ '시계 바늘(초침)' 오브젝트를 불러오기
   – 이름을 '**초침**'으로 변경하기
※ 기존의 '엔트리봇' 오브젝트는 삭제한다.
	① 시계판	② 시계 바늘(시침)

	③ 시계 바늘(분침)	④ 시계 바늘(초침)

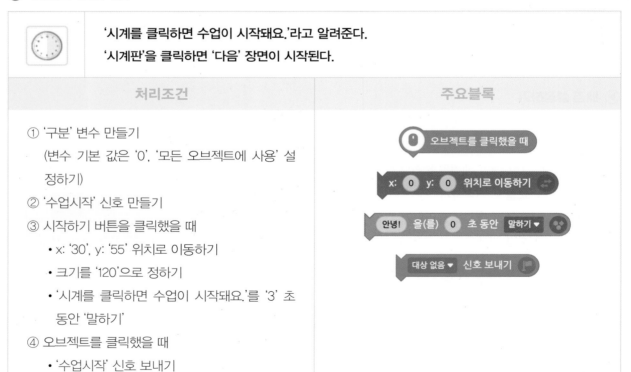

문제 2   [주요블록]을 모두 사용하여 [처리조건]에 따라 개체를 코딩하시오. (80점)

▶ '시계판' 오브젝트

(시계판 이미지)	'시계를 클릭하면 수업이 시작돼요.'라고 알려준다. '시계판'을 클릭하면 '다음' 장면이 시작된다.

처리조건	주요블록

① '구분' 변수 만들기
  (변수 기본 값은 '0', '모든 오브젝트에 사용' 설정하기)
② '수업시작' 신호 만들기
③ 시작하기 버튼을 클릭했을 때
  • x: '30', y: '55' 위치로 이동하기
  • 크기를 '120'으로 정하기
  • '시계를 클릭하면 수업이 시작돼요.'를 '3' 초 동안 '말하기'
④ 오브젝트를 클릭했을 때
  • '수업시작' 신호 보내기
	오브젝트를 클릭했을 때
	
	x: 0 y: 0 위치로 이동하기
	
	안녕! 을(를) 0 초 동안 말하기
	
	대상 없음 ▾ 신호 보내기

▶ '시침' 오브젝트

	'시침'의 방향은 시각(시)에서 '30'을 곱하면 된다. 시각(시)이 밤 12시(자정)부터 낮 12시(정오)까지는 오전이고, 낮 12시(정오)부터 밤 12시(자정)까지는 오후가 된다.

처리조건	주요블록
① '시' 변수 만들기 (변수 기본 값은 '0', '모든 오브젝트에 사용' 설정하기) ② 시작하기 버튼을 클릭했을 때 　• x: '30', y: '55' 위치로 이동하기 　• 크기를 '120'으로 정하기 　• 계속 반복하기 　　– 방향을 현재 '시각(시)' x '(ㄱ)'으로 정하기 　　– '시'를 현재 '시각(시)'으로 정하기 　　– 변수 '시' 보이기 　　– 만일 '시' 값 > '12' 라면 　　　└ '구분'을 '오후'로 정하기 　　　└ '시'에 '–12' 만큼 더하기 　　– 아니면 　　　└ '구분'을 '오전'으로 정하기	방향을 0° (으)로 정하기 현재 연도▼ 0 x 0 0 > 0 변수▼ 를 0 (으)로 정하기 ? 변수 변수▼ 보이기 ? 만일 참 (이)라면 아니면

공개 문제 따라하기 B형 ‖ 119

▶ '분침' 오브젝트

│	'분침'이 가리키는 작은 눈금 한 칸은 1분을 나타낸다. '분침'이 시계를 한 바퀴(360도)를 도는 데 걸리는 시간은 60분이므로, '분침'의 방향은 시각(분)에서 '6'을 곱하면 된다.

처리조건	주요블록
① '분' 변수 만들기 (변수 기본 값은 '0', '모든 오브젝트에 사용' 설정하기) ② 시작하기 버튼을 클릭했을 때 　• x: '30', y: '55' 위치로 이동하기 　• 크기를 '120'으로 정하기 　• 계속 반복하기 　　– 방향을 현재 '시각(분)' x '(ㄴ)'으로 정하기 　　– '분' 을 현재 '시각(분)'으로 정하기 　　– 변수 '분' 보이기	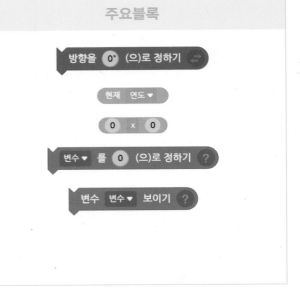

▶ '초침' 오브젝트

│	'초침'이 가리키는 작은 눈금 한 칸은 1초를 나타낸다. '초침'이 시계를 한 바퀴(360도)를 도는 데 걸리는 시간은 1분이므로, '초침'의 방향은 시각(초)에서 '6'을 곱하면 된다.

처리조건	주요블록
① '초' 변수 만들기 (변수 기본 값은 '0', '모든 오브젝트에 사용' 설정하기) ② 시작하기 버튼을 클릭했을 때 　• x: '30', y: '55' 위치로 이동하기 　• 크기를 '120'으로 정하기 　• 계속 반복하기 　　– 방향을 현재 '시각(초)' x '(ㄷ)'으로 정하기 　　– '초' 를 현재 '시각(초)'으로 정하기 　　– 변수 '초' 보이기 ③ '수업시작' 신호를 받았을 때 　• '다음' 장면 시작하기	

▶ '수업 시작' 배경

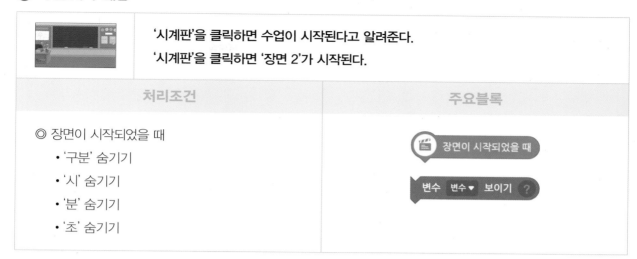

'시계판'을 클릭하면 수업이 시작된다고 알려준다.
'시계판'을 클릭하면 '장면 2'가 시작된다.

처리조건	주요블록
◎ 장면이 시작되었을 때 　• '구분' 숨기기 　• '시' 숨기기 　• '분' 숨기기 　• '초' 숨기기	장면이 시작되었을 때 변수 변수▼ 보이기 ?

문제 3　[주요블록]을 모두 사용하여 [처리조건]에 따라 프로젝트를 개선하시오. (10점)

▶ '수업 시작' 배경

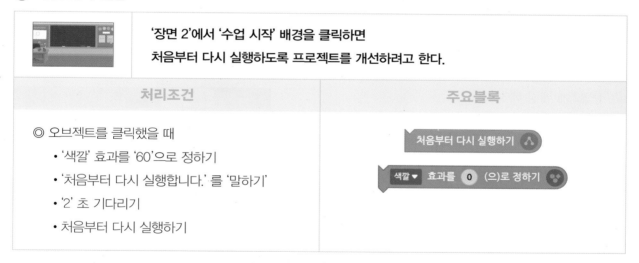

'장면 2'에서 '수업 시작' 배경을 클릭하면
처음부터 다시 실행하도록 프로젝트를 개선하려고 한다.

처리조건	주요블록
◎ 오브젝트를 클릭했을 때 　• '색깔' 효과를 '60'으로 정하기 　• '처음부터 다시 실행합니다.' 를 '말하기' 　• '2' 초 기다리기 　• 처음부터 다시 실행하기	처음부터 다시 실행하기 색깔▼ 효과를 0 (으)로 정하기

문제 1을 해결하기 위해서는 장면과 배경 그리고 오브젝트에 관해 다룰 수 있어야 합니다. '장면1'과 '장면2'에 각각 배경을 추가한 후, 오브젝트도 순서대로 불러와 봅시다.

▶ 배경 설정하기

① '장면1'에 배경 배치

'장면1'에서 실행 화면 하단의 [오브젝트 추가하기([+ 오브젝트 추가하기])]를 누릅니다. 새로 나타난 오브젝트 추가하기 화면에서 [배경(배경)] 카테고리를 누릅니다. 배경 관련 그림들이 나타납니다. '교실 뒤(2)( )'를 선택한 후, [추가하기(추가하기)]를 누르면, 그림이 추가된 상태의 원래 화면으로 돌아옵니다. 배경 오브젝트의 이름을 수정합니다. 즉, '교실 뒤(2)'의 이름을 '교실 뒤'로 변경합니다.

─────────────────────── **tip**

배경 오브젝트는 변경 기능이 잠긴 [🔒] 상태로 추가됩니다. 변경 가능 [🔓] 상태로 만들어 이름을 수정할 수 있습니다.

② '장면2'에 배경 배치

'장면1' 탭 옆의 [+]를 눌러 장면을 추가합니다. 새로 추가된 '장면2'에서 [오브젝트 추가하기([+ 오브젝트 추가하기])]를 눌러, [배경(배경)] 카테고리에서 '교실(2)( )'를 선택하여 [추가하기(추가하기)]를 눌러 추가합니다. '교실(2)'의 이름을 '수업 시작'으로 변경합니다.

장면 추가하기

여러 개의 장면으로 구성된 프로젝트를 만들고 싶은 경우 장면을 추가해 사용합니다.

- [장면추가 탭(+)]를 누릅니다.
- 새롭게 추가된 장면이 나타납니다.

장면마다 사용하는 오브젝트들은 별도로 구성하여 사용합니다. 즉, '장면1'에 사용된 오브젝트가 '장면2'에서도 필요한 경우 다시 추가해 사용해야 합니다.

이제, 오브젝트들을 추가합니다. '장면1'에 추가할 것이므로, '장면1' 탭을 눌러 '장면1'로 이동합니다.

▶ 개체 설정하기

① '시계판' 오브젝트 추가

[오브젝트 추가하기(+ 오브젝트 추가하기)]를 눌러 오브젝트 추가하기 창으로 이동합니다. [물건(물건)] 카테고리를 누른 후, '시계판(◯)' 그림을 찾아 선택합니다. [추가하기(추가하기)]를 눌러 추가합니다. 오브젝트 이름은 변경하지 않습니다.

② '시계 바늘(시침)' 오브젝트 추가

[오브젝트 추가하기(+ 오브젝트 추가하기)]를 누릅니다. [물건 (물건)] 카테고리에서 '시계 바늘(시침)(·)' 그림을 찾아 선택합니다. [추가하기(추가하기)]를 누릅니다. 오브젝트 이름을 '시침'으로 변경합니다.

③ '시계 바늘(분침)' 오브젝트 추가

[오브젝트 추가하기(+오브젝트 추가하기)]를 누릅니다. [물건
(물건)] 카테고리에서 '시계 바늘(분침)(┇)' 그림을 찾아 선택합니다.
[추가하기(추가하기)]를 누릅니다. 오브젝트 이름을 '분침'으로 변경합니다.

④ '시계 바늘(초침)' 오브젝트 추가

[오브젝트 추가하기(+오브젝트 추가하기)]를 누릅니다. [물건
(물건)] 카테고리에서 '시계 바늘(초침)( )' 그림을 찾아 선택합니다.
[추가하기(추가하기)]를 누릅니다. 오브젝트 이름을 '초침'으로 변경합니다.

'엔트리봇' 오브젝트는 삭제합니다. (프로젝트를 새로 만들면 기본으로 나타나는 '엔트리봇' 오브젝트는 사용하지 않으므로 처음부터 삭제해 두어도 괜찮습니다.) 오브젝트들을 불러올 때, 정확하게 문제에서 지시하는 순서대로 추가해야 합니다. 만일 가져온 순서가 틀릴 경우, 오브젝트 목록에서 직접 드래그해서 순서를 지시대로 맞추도록 합니다.

오브젝트 순서의 의미

오브젝트를 불러올 때 순서대로 불러와야 하는 이유는 무엇일까요? 나중에 추가한 것이 맨 위에 보이기 때문입니다. 즉, '시계판' 오브젝트를 맨 나중에 불러오면 '시침', '분침', '초침' 오브젝트가 '시계판'에 가려져 보이지 않게 될 것입니다.

〈작업순서〉
'시계판' 오브젝트를 불러옵니다.
↓
'시계 바늘(시침)' 오브젝트를 불러옵니다.
↓
'시계 바늘(분침)' 오브젝트를 불러옵니다.
↓
'시계 바늘(초침)' 오브젝트를 불러옵니다.

〈작업 순서〉에 따라 오른쪽 그림의 오브젝트 목록처럼 아래서부터 쌓여 올라갑니다. 화면에서도 가장 나중에 가져온 그림이 가장 위쪽으로 쌓여 보이는 순서가 결정됩니다.

문제 2 **풀이 따라하기**

01 먼저 변수를 만들어 추가합니다. 탭 중에서 [속성(속성)] 탭을 누른 후, [변수(? 변수)]를 선택합니다. [변수추가하기(변수 추가하기)]를 누릅니다.

02 변수의 이름을 '구분'으로 입력합니다. '모든 오브젝트에 사용'으로 설정합니다. [변수추가(변수추가)]를 누릅니다. 추가한 '구분' 변수가 보이면 그 기본 값을 '0'으로 설정합니다.

03 신호를 만들어 추가합니다. 탭 중에서 [속성(속성)] 탭을 누른 후, [신호(⚑ 신호)]를 선택합니다. [신호추가하기(신호 추가하기)]를 누릅니다. 신호 이름을 '수업시작'이라고 입력한 후, [신호추가(신호 추가)]를 누릅니다.

🕐 **'시계판' 오브젝트**

04 '장면1'의 '시계판' 오브젝트에서 블록을 조립합니다. [시작(⚑ 시작)]에서

▶ 시작하기 버튼을 클릭했을 때 블록을 가져옵니다. [움직임(⇄ 움직임)]에서

x: 0 y: 0 위치로 이동하기 ⇄ 블록을 가져와 연결합니다. x 좌표를 '30', y 좌표를 '55'로 입력합니다.

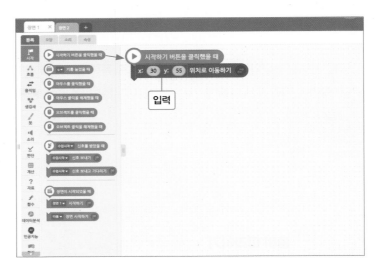

05 [생김새(😊 생김새)]에서

크기를 100 (으)로 정하기 ❖ 블록을 가져와 '120'으로 입력하여 연결합니다.

안녕! 을(를) 4 초 동안 말하기 ▼ ❖ 블록을 가져와 연결합니다. "시계를 클릭하면 수업이 시작돼요."라고 입력하고, '3'초로 변경합니다.

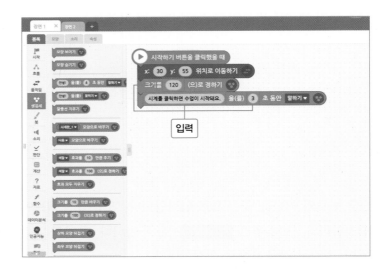

06 [시작(📰)]에서

🕐 오브젝트를 클릭했을 때 블록을 가져옵니다. 수업시작▾ 신호 보내기 블록을 가져와 연결합니다.

─────────────────────────── why

시계를 클릭하여 다음 장면 시작하기

'시계판' 오브젝트가 클릭되면 '수업시작' 신호를 보냅니다. 이 신호를 '초침' 오브젝트가 받아서, 다음 장면을 시작합니다.

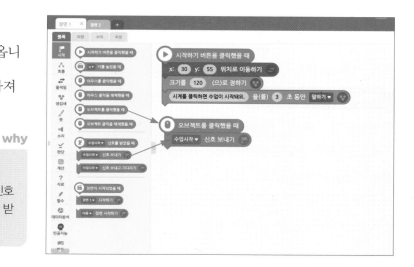

'시침' 오브젝트

07 [속성(속성)] 탭을 눌러, [변수(? 변수)]를 선택하여, '시' 변수를 만듭니다. 변수의 기본 값은 '0', '모든 오브젝트에 사용'으로 설정합니다. (변수를 만드는 좀 더 자세한 방법은 **01~02**에서 참고할 수 있습니다.)

08 '시침' 오브젝트에서 블록을 조립합니다. [시작(📰)]에서

▶ 시작하기 버튼을 클릭했을 때 블록을 가져옵니다. [움직임(⟷)]의

x: 0 y: 0 위치로 이동하기 ⟷ 블록을 가져와 연결합니다. x 좌표를 '30', y 좌표를 '55'로 입력합니다. [생김새(😊)]에서

크기를 100 (으)로 정하기 😊 블록을 가져와 연결하고, '120'으로 입력합니다.

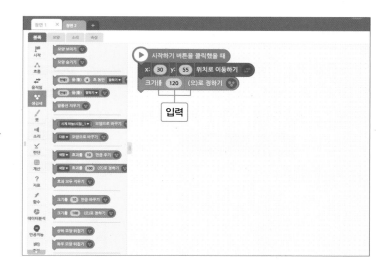

09 [흐름(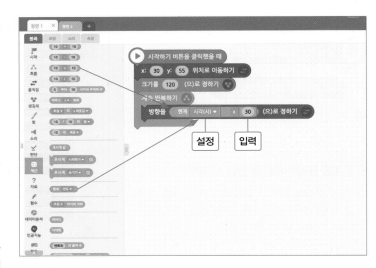)]에서 계속 반복하기 블록을 가져옵니다. [움직임(움직임)]에서

방향을 **90°** (으)로 정하기 블록을 가져와

연결합니다. [계산(계산)]에서

10 × **10** 블록을 가져와 현재 연도▼

블록의 설정을 현재 시각(시)▼ 처럼 수정

해 **10** × **10** 블록의 왼쪽에 넣고, 오

른쪽은 '30'으로 값을 입력합니다.

_____ *why*

**문제 지문의 (ㄱ)에 해당하는 입력값에 대해
알아봅시다.**

시간당 회전할 각도는 '360' 나누기 '12'의 값을
구하면 됩니다. 즉, 시침의 시간당 회전할 크기
는 '30' 입니다. 자정을 가리키는 '12' 글자 위치
를 기준으로 '1'시는 '30'도, '2'시는 '60'도 만큼
회전한 방향을 가리키게 됩니다.

10 [자료]에서

시▼ 를 **10** (으)로 정하기 블록을 가져

와 연결합니다. [계산(계산)]에서

현재 연도▼ 블록의 설정을

현재 시각(시)▼ 처럼 수정해 **10** 위치에

넣어줍니다. 변수 시▼ 보이기 블록을

가져와 연결합니다.

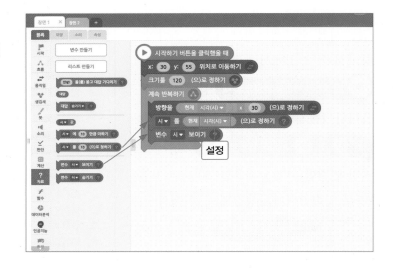

[흐름(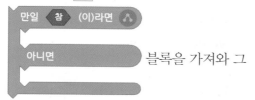)]에서

블록을 가져와 그

림과 같이 연결합니다. [판단(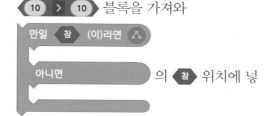)]에서

블록을 가져와

의 참 위치에 넣

어 연결합니다. [자료(?)]에서 시▼ 값
블록을 가져와 0 > 0 블록의 왼쪽
10 위치에 넣어줍니다. 오른쪽 10 은
'12'로 변경합니다.

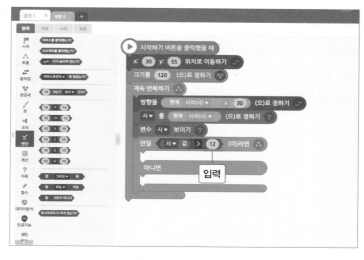

12 [?]에서

시▼ 를 10 (으)로 정하기 ? 블록을 가져
와 변수이름을 '구분'으로 설정합니다. 오
른쪽의 10 을 '오후'로 입력합니다.

시▼ 를 10 (으)로 정하기 ? 블록을 가져
와 변수이름을 '구분'으로 설정한 후, 오른
쪽의 10 을 '오전'으로 입력합니다. 이 두

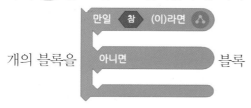

개의 블록을   블록

에 그림과 같이 연결합니다.

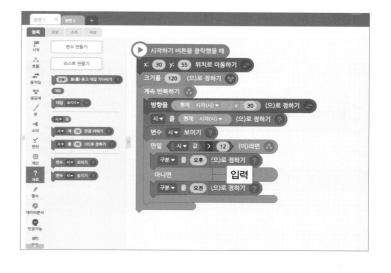

13 [? 자료]에서

시▼ 에 10 만큼 더하기 ? 블록을 가져와
10 을 '−12'로 변경합니다. 그림과 같이
연결합니다.

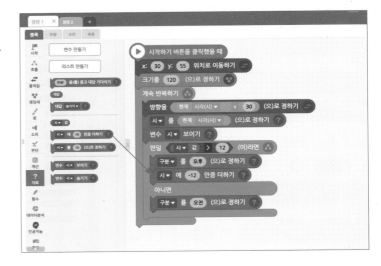

🔘 '분침' 오브젝트

14 [속성(속성)] 탭을 눌러, [변수(?변수)]를 선택하여, '분' 변수를
만듭니다. 변수의 기본 값은 '0', '모든 오브젝트에 사용'으로 설정합니
다. (변수를 만드는 좀 더 자세한 방법은 **01~02**에서 참고할 수 있습
니다.)

15 '분침' 오브젝트에서 블록을 조립합
니다. [시작(시작)]에서

▶ 시작하기 버튼을 클릭했을 때 블록을 가져
옵니다. [움직임(움직임)]에서

x: 0 y: 0 위치로 이동하기 ⟷ 블록을 가
져와 연결합니다. x 좌표를 '30', y 좌표를
'55'로 입력합니다. [생김새(생김새)]에서

크기를 100 (으)로 정하기 ✦ 블록을 가져
와 연결하고, '120'으로 입력합니다.

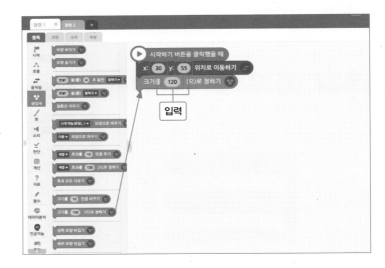

16 [흐름(흐름)]에서 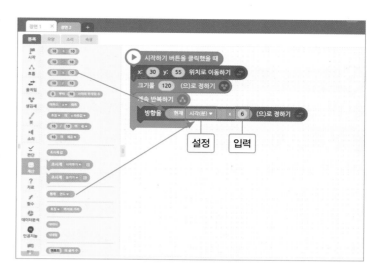 블록을 가져옵니다. [움직임(움직임)]의

방향을 90° (으)로 정하기 블록을 가져와

연결합니다. [계산(계산)]의 10 × 10

블록을 가져와 현재 연도▼ 블록의 설정

을 현재 시각(분) 처럼 수정해

10 × 10 블록의 왼쪽에 넣고, 오른

쪽은 '6'으로 값을 입력합니다.

————————————— why

문제 지문의 (ㄴ)에 해당하는 입력값에 대해 알아봅시다.

분당 회전할 각도는 '360' 나누기 '60'의 값을
구하면 됩니다. 즉, 분침의 분당 회전할 크기는
'6'입니다. 자정 위치인 '12' 글자 위치를 기준으
로 '5'분에는 '30'도 만큼, '30'분에는 '180'도 만
큼 회전한 방향을 가리키게 됩니다.

17 [자료]에서

분▼ 를 10 (으)로 정하기 블록을 가져

와 연결합니다. [계산(계산)]의

현재 연도▼ 블록의 설정을

현재 시각(분) 처럼 수정해 10 위치에

넣어줍니다. 변수 분▼ 보이기 블록을

가져와 연결합니다.

☐ **'초침' 오브젝트**

18 [속성(속성)] 탭을 눌러, [변수(? 변수)]를 선택하여, '초' 변수를
만듭니다. 변수의 기본 값은 '0', '모든 오브젝트에 사용'으로 설정합니
다. (변수를 만드는 좀 더 자세한 방법은 **01~02**에서 참고할 수 있습니
다.)

19 '초침' 오브젝트에서 블록을 조립합니다. [시작(🏁시작)]에서

▶ 시작하기 버튼을 클릭했을 때 블록을 가져옵니다. [움직임(🔁움직임)]에서

x: 0 y: 0 위치로 이동하기 🔁 블록을 가져와 연결합니다. x 좌표를 '30', y 좌표를 '55'로 입력합니다. [생김새(😊생김새)]에서

크기를 100 (으)로 정하기 🔮 블록을 가져와 연결하고, '120'으로 입력합니다.

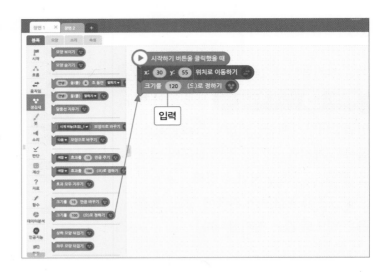

20 [흐름(⋀흐름)]에서

계속 반복하기 ⋀ 블록을 가져옵니다. [움직임(🔁움직임)]에서

방향을 90° (으)로 정하기 🔁 블록을 가져와 연결합니다. [계산(🔢계산)]에서

10 x 10 블록을 가져와 현재 연도 ▼ 블록의 설정을 현재 시각(초) ▼ 처럼 수정해 10 x 10 블록의 왼쪽에 넣고, 오른쪽은 '6'으로 값을 입력합니다.

━━━━━━━━━━ why

문제 지문의 (ㄷ)에 해당하는 **입력값**에 대해 **알아봅시다.**

초당 회전할 각도는 '360' 나누기 '60'의 값을 구하면 됩니다. 즉, 초침의 분당 회전할 크기는 '6'입니다.

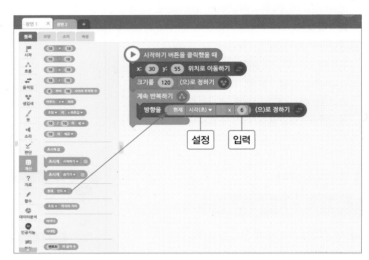

21 [?자료]에서

초 ▼ 를 10 (으)로 정하기 ? 블록을 가져와 연결합니다. [계산(🔢계산)]의

현재 연도 ▼ 블록의 설정을

현재 시각(초) ▼ 처럼 수정해 10 위치에 넣어줍니다. 변수 초 ▼ 보이기 ? 블록을 가져와 연결합니다.

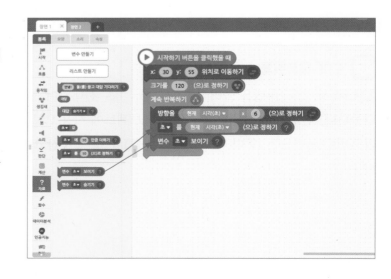

22 [시작(📓)]에서
🛰️ 수업시작 ▾ 신호를 받았을 때 블록을 가져
옵니다. 다음 ▾ 장면 시작하기 📓 블록을 가
져와 연결합니다.

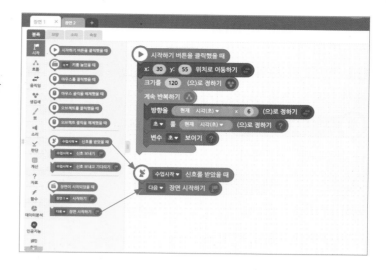

23 '장면2'의 '수업 시작' 배경 오브젝트
에서 블록을 조립합니다. [시작(📓)]에서
🎬 장면이 시작되었을 때 블록을 가져옵니
다. [❓자료]에서 변수 초 ▾ 숨기기 ❓ 블록
을 가져와 변수 구분 ▾ 숨기기 ❓ 과 같이
'구분'으로 설정해 연결합니다. 변수 '시',
'분', '초' 역시 화면에서 보이지 않게 숨길
수 있도록, 각각 변수명을 설정하여 그림
과 같이 연결합니다.

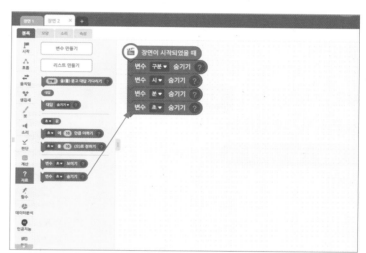

01 '장면2'의 '수업 시작' 배경 오브젝트에서 블록을 조립합니다. [시작(🏁)]에서 🔵 오브젝트를 클릭했을 때 블록을 가져옵니다. [생김새(😊)]에서 색깔▼ 효과를 100 (으)로 정하기 를 가져와 연결합니다. 100 위치의 값을 '60'으로 입력해 변경합니다.

안녕! 을(를) 말하기▼ 를 가져와 연결합니다. 안녕! 위치에 "처음부터 다시 실행합니다."라고 입력해 변경합니다.

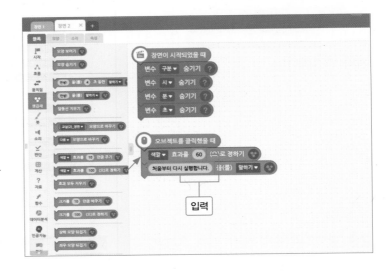

02 [흐름(🔁)]에서 2 초 기다리기 블록을 가져와 연결합니다.

처음부터 다시 실행하기 를 가져와 연결합니다.

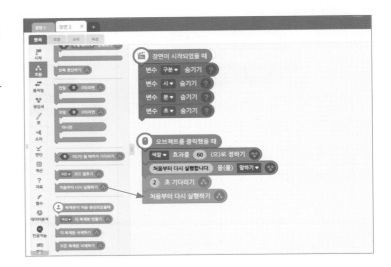

⊙ '시계판' 오브젝트

▶ 시작하기 버튼을 클릭했을 때
x: 30 y: 55 위치로 이동하기
크기를 120 (으)로 정하기
시계를 클릭하면 수업이 시작돼요. 을(를) 3 초 동안 말하기 ▼

⊙ 오브젝트를 클릭했을 때
수업시작 ▼ 신호 보내기

⌗ '시침' 오브젝트

▶ 시작하기 버튼을 클릭했을 때
x: 30 y: 55 위치로 이동하기
크기를 120 (으)로 정하기
계속 반복하기
    방향을 현재 시각(시) ▼ x 30 (으)로 정하기
    시 ▼ 를 현재 시각(시) ▼ (으)로 정하기
    변수 시 ▼ 보이기
    만일 < 시 ▼ 값 > 12 > (이)라면
        구분 ▼ 를 오후 (으)로 정하기
        시 ▼ 에 -12 만큼 더하기
    아니면
        구분 ▼ 를 오전 (으)로 정하기

⌗ '분침' 오브젝트

▶ 시작하기 버튼을 클릭했을 때
x: 30 y: 55 위치로 이동하기
크기를 120 (으)로 정하기
계속 반복하기
    방향을 현재 시각(분) ▼ x 6 (으)로 정하기
    분 ▼ 를 현재 시각(분) ▼ (으)로 정하기
    변수 분 ▼ 보이기

☐ '초침' 오브젝트

▶ 시작하기 버튼을 클릭했을 때
x: 30 y: 55 위치로 이동하기
크기를 120 (으)로 정하기
계속 반복하기
    방향을 현재 시각(초) ▼ x 6 (으)로 정하기
    초 ▼ 를 현재 시각(초) ▼ (으)로 정하기
    변수 초 ▼ 보이기

📡 수업시작 ▼ 신호를 받았을 때
다음 ▼ 장면 시작하기

▭ '수업 시작' 배경(장면2)

🎬 장면이 시작되었을 때
변수 구분 ▼ 숨기기
변수 시 ▼ 숨기기
변수 분 ▼ 숨기기
변수 초 ▼ 숨기기

⊙ 오브젝트를 클릭했을 때
색깔 ▼ 효과를 60 (으)로 정하기
처음부터 다시 실행합니다. 을(를) 말하기 ▼
2 초 기다리기
처음부터 다시 실행하기

공개 문제 따라하기 C형

⊙ 시험과목 : 코딩활용능력 2급 (엔트리)
⊙ 시험일자 : 2024. 00. 00
⊙ 시험시간 : 40분
⊙ 응시자 기재사항 및 감독위원 확인

▶ 합격 강의

수 검 번 호	CAS − 2401 −	감독위원 확인
성 명		

응시자 유의사항

1. 응시자는 신분증 또는 동등한 자격을 갖춘 증빙서류를 지참하여야 시험에 응시할 수 있으며, 시험이 종료될 때까지 신분증을 제시하지 못할 경우 해당 시험은 0점 처리됩니다.

2. 시스템(PC 작동 여부, 네트워크 상태 등)의 이상 여부를 반드시 확인하여야 하며, 시스템 이상이 있을 시 감독위원에게 조치를 받으셔야 합니다.

3. 시험 중 시스템 오류 또는 시스템 다운 증상에 대해서는 응시자 본인에게 책임이 있습니다.

4. 시험 중 부주의 또는 고의로 시스템을 파손한 경우는 응시자 부담으로 합니다.

5. 엔트리 버전은 최소 2.0.53 이상을 사용하여야 하며, 답안 전송 프로그램을 통하여 배포 받은 파일에 답안을 작성하시기 바랍니다. 감독위원의 지시에 따라 주시기 바랍니다.

6. 작성한 답안 파일은 답안 전송 프로그램을 통하여 자동으로 전송됩니다.

7. 다음 사항의 경우 실격(0점) 혹은 부정행위 처리됩니다.

    ① 답안을 저장하지 않았거나, 저장한 파일이 손상되었을 경우

    ② 답안 파일을 다른 보조 기억장치(USB) 혹은 네트워크(메신저, 게시판 등)로 전송할 경우

    ③ 휴대용 전화기 등 일체의 통신장비를 사용할 경우

8. 시험을 완료한 응시자는 답안을 저장하고, 답안 파일이 전송되었는지 확인 후 감독위원의 지시에 따라 문제지를 제출한 후 퇴실하여야 합니다.

9. 시험시간이 종료된 이후에는 답안의 수정 또는 정정이 불가합니다.

10. 시험시행 후 결과는 홈페이지(www.ihd.or.kr)에서 확인하시기 바랍니다.

    ① 문제 및 정답 공개 : 2024. 00. 00.

    ② 합격자 발표 : 2024. 00. 00.

한 국 정 보 통 신 진 흥 협 회

프로젝트 설명

카멜레온이 미로에 빠졌다. 왼쪽, 오른쪽, 위, 아래 화살표 키를 눌러 이동하며, 벽이나 뱀에 닿으면 처음 위치로 되돌아간다. 뱀이 랜덤으로 나타나기 때문에 잘 피해서 이동하여야 한다. 카멜레온이 미로의 끝인 별에 닿으면 뱀은 최종 기록을 말해주며 프로젝트가 종료된다.

문제 1 다음 [처리조건]에 따라 배경 및 개체를 설정하시오. (10점)

▶ **배경 설정하기**

처리조건	배경	

① '장면1'에 '풀' 배경을 불러오기
    – 이름을 '**잔디밭**'으로 변경하기
② '장면2'에 '꽃밭(1)'배경을 불러오기
    – 이름을 '**꽃밭**'으로 변경하기
	① 풀	② 꽃밭(1)

▶ 개체 설정하기 (오브젝트는 순서대로 불러올 것)

처리조건	오브젝트	
① '미로(1)' 오브젝트를 불러오기 　－ 이름을 **'미로'**로 변경하기 ② '카멜레온' 오브젝트를 불러오기 　－ 이름 **변경 없음** ③ '뱀' 오브젝트를 불러오기 　－ 이름 **변경 없음** ④ '회전하는 별' 오브젝트를 불러오기 　－ 이름을 **'별'**로 변경하기 ※ 기존의 '엔트리봇' 오브젝트는 삭제한다.	① 미로(1)	② 카멜레온
	③ 뱀	④ 회전하는 별

문제 2 [주요블록]을 모두 사용하여 [처리조건]에 따라 개체를 코딩하시오. (80점)

▶ '미로' 오브젝트

	'미로' 오브젝트는 프로젝트가 시작되면 초시계를 시작한다.

처리조건	주요블록
① '성공' 신호 만들기 ② 시작하기 버튼을 클릭했을 때 　• 초시계 '시작하기' ③ '성공' 신호를 받았을 때 　• 초시계 '정지하기'	

▶ '카멜레온' 오브젝트

 '카멜레온' 오브젝트는 왼쪽, 오른쪽, 위, 아래 화살표 키를 눌렀을 때 이동하며, '1'초마다 모양이 바뀐다. 벽에 닿거나 '뱀' 오브젝트에 닿았다면 처음 위치로 되돌아간다.

처리조건	주요블록
① '색깔' 신호 만들기 ② 시작하기 버튼을 클릭했을 때 　• 크기를 '25'로 정하기 　• x: '−50', y: '−90' 위치로 이동하기 　• '색깔' 신호 보내기 　　− 계속 반복하기 　　　└ 만일 '왼쪽 화살표' 키가 눌러져 있다면 　　　　> x 좌표를 '−3' 만큼 바꾸기 　　　└ 만일 '오른쪽 화살표' 키가 눌러져 있다면 　　　　> x 좌표를 '3' 만큼 바꾸기 　　　└ 만일 '위쪽 화살표' 키가 눌러져 있다면 　　　　> y 좌표를 '3' 만큼 바꾸기 　　　└ 만일 '아래쪽 화살표' 키가 눌러져 있다면 　　　　> y 좌표를 '−3' 만큼 바꾸기 　　　└ 만일 '미로'에 닿았다면 　　　　> x: '−50', y: '−90' 위치로 이동하기 　　　└ 만일 '뱀'에 닿았다면 　　　　> x: '−50', y: '−90' 위치로 이동하기 ③ '색깔' 신호를 받았을 때 　• 계속 반복하기 　　− '(ㄱ)' 초 기다리기 　　− '다음' 모양으로 바꾸기	대상 없음 ▼ 신호를 받았을 때 x: 0 y: 0 위치로 이동하기 대상 없음 ▼ 신호 보내기 x 좌표를 0 만큼 바꾸기 만일 참 (이)라면 스페이스 ▼ 키가 눌러져 있는가? 크기를 0 (으)로 정하기 다음 ▼ 모양으로 바꾸기 계속 반복하기

▶ '뱀' 오브젝트

 '뱀' 오브젝트는 '3' 초마다 무작위 수 위치로 이동하며, '성공' 신호를 받으면 최종 기록을 말한다.

처리조건	주요블록
① 시작하기 버튼을 클릭했을 때 　• 크기를 '50'으로 정하기 　• x: '140', y: '60' 위치로 이동하기 　• 계속 반복하기 　　− x: '−200'부터 '200' 사이의 무작위 수, 　　　y: '−120'부터 '120' 사이의 무작위 수 　　　위치로 이동하기 　　− 'ㄴ' 초 기다리기 ② '성공' 신호를 받았을 때 　• '최종 기록은 [' + '초시계 값' + '] 입니다.' 를 　　'말하기'	0 초 기다리기 0 + 0 　 초시계 값 안녕! 을(를) 말하기 ▼ x: 0 y: 0 위치로 이동하기 0 부터 0 사이의 무작위 수 크기를 0 (으)로 정하기

▶ '별' 오브젝트

'별' 오브젝트는 '카멜레온' 오브젝트에 닿으면 '성공' 신호를 보낸 후 '다른 오브젝트'의 코드를 멈춘다. '2' 초 뒤 '장면 2'가 시작된다.

처리조건	주요블록
◎ 시작하기 버튼을 클릭했을 때 • 크기를 '40'으로 정하기 • x: '195', y: '−90' 위치로 이동하기 • '카멜레온'에 닿을 때까지 반복하기 　− '0.1' 초 기다리기 　− '다음' 모양으로 바꾸기 　− 만일 '카멜레온'에 닿았다면 　　└ '성공' 신호 보내기 　　└ '다른 오브젝트의' 코드 멈추기 　　└ '(ㄷ)' 초 기다리기 　　└ '장면 2' 시작하기	▶ 시작하기 버튼을 클릭했을 때 다음 ▼ 모양으로 바꾸기 대상 없음 ▼ 신호 보내기 참 이 될 때까지 ▼ 반복하기 장면 1 ▼ 시작하기 모든 ▼ 코드 멈추기

▶ '꽃밭' 배경

'장면 2'가 시작되면 초시계를 숨기고 '미션 성공!'이라고 말한다.

처리조건	주요블록
◎ 장면이 시작되었을 때 • 초시계 '숨기기' • 미션 성공!' 을 '말하기'	장면이 시작되었을 때

▶ **'꽃밭' 배경**

 프로젝트를 다시 시작하려면 프로그램을 정지하고 프로그램을 시작해야 해서 불편하다. '장면 2'에서 '꽃밭' 배경을 클릭하면 처음부터 다시 실행하도록 하려고 한다.

처리조건	주요블록
◎ 오브젝트를 클릭했을 때 • '색깔' 효과를 '50'으로 정하기 • '처음부터 다시 실행합니다.' 를 '말하기' • '2' 초 기다리기 • 처음부터 다시 실행하기	처음부터 다시 실행하기 ⋀ 색깔 ▾ 효과를 0 (으)로 정하기

문제 1을 해결하기 위해서는 장면과 배경 그리고 오브젝트에 관해 다룰 수 있어야 합니다. '장면1'과 '장면2'에 각각 배경을 추가한 후, 오브젝트도 순서대로 불러와 봅시다.

▶ 배경 설정하기

① '장면1'에 배경 배치

실행 화면 하단의 [오브젝트 추가하기 (+ 오브젝트 추가하기)]를 누릅니다. 새로 나타난 오브젝트 추가하기 화면에서 [배경 (배경)] 카테고리를 누릅니다. 배경 관련 그림들이 나타나면 '풀( )'을 찾아 선택한 후, [추가하기 (추가하기)] 버튼을 누르면 배경이 오브젝트 목록에 등록됩니다. 배경 오브젝트의 이름을 '풀'에서 '잔디밭'으로 변경합니다.

tip

배경 오브젝트는 변경 기능이 잠긴 [🔒] 상태로 추가됩니다. 변경 가능 [🔓] 상태로 만들어 이름을 수정할 수 있습니다.

② '장면2'에 배경 배치

'장면1' 탭 옆의 [+]를 눌러 장면을 추가합니다. 새로 추가된 '장면2'에서 [오브젝트 추가하기 (+ 오브젝트 추가하기)]를 눌러, [배경(배경)] 카테고리에서 '꽃밭(1)( )'를 선택하여 [추가하기 (추가하기)]를 눌러 추가합니다. 배경 오브젝트 '꽃밭(1)'의 이름을 '꽃밭'으로 변경합니다.

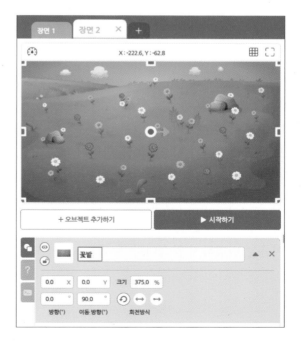

각 장면의 배경 구성이 완료되었습니다.

이제, 오브젝트들을 추가합니다. '장면1'에 추가할 것이므로, '장면1' 탭을 눌러 '장면1'로 이동합니다.

▶ 개체 설정하기

오브젝트는 '미로(1)', '카멜레온', '뱀', '회전하는 별' 순서대로 추가하고, 오브젝트 이름을 변경합니다. 엔트리를 실행하였을 때 기본으로 추가되어 있던 기존의 '엔트리봇' 오브젝트는 삭제합니다. (처음부터 삭제해 두면 더 간편합니다.)

① '미로' 오브젝트 추가

[오브젝트 추가하기(+ 오브젝트 추가하기)]를 눌러 오브젝트 추가하기 창으로 이동합니다. 오른쪽 상단의 검색어 창에 '미로'이라고 입력하고 검색합니다. 검색된 오브젝트 중 '미로(1)( )' 그림을 찾아 선택합니다. [추가하기(추가하기)]를 눌러 추가합니다. 오브젝트 이름을 '미로'로 변경합니다.

tip
─────────────────────────────

오브젝트를 추가하였을 때 배경 아래로 추가되는 경우 가려서 보이지 않습니다. 이럴 때는 오브젝트 그림 부분을 클릭한 채로 위로 드래그하여 오브젝트 순서를 바꾸면 오브젝트가 앞으로 나타나 보이게 됩니다.

② '카멜레온' 오브젝트 추가

[오브젝트 추가하기(+ 오브젝트 추가하기)]를 눌러 오브젝트 추가하기 창으로 이동합니다. 오른쪽 상단의 검색어 창에 '카멜레온'이라고 입력하고 검색합니다. 검색된 오브젝트 중 '카멜레온( )' 그림을 찾아 선택합니다. [추가하기(추가하기)]를 눌러 추가합니다. 오브젝트 이름은 변경하지 않습니다.

③ '뱀' 오브젝트 추가

[오브젝트 추가하기(+ 오브젝트 추가하기)]를 눌러
오브젝트 추가하기 창으로 이동합니다. 오른쪽 상단의
검색어 창에 '뱀'이라고 입력하고 검색합니다. 검색된 오
브젝트 중 '뱀(🧑)' 그림을 찾아 선택합니다. [추가하기
(추가하기)]를 눌러 추가합니다. 오브젝트 이름은 변경
하지 않습니다.

④ '별' 오브젝트 추가

[오브젝트 추가하기(+ 오브젝트 추가하기)]를 눌러
오브젝트 추가하기 창으로 이동합니다. 오른쪽 상단의
검색어 창에 '별'이라고 입력하고 검색합니다. 검색된 오
브젝트 중 '회전하는 별(⭐)' 그림을 찾아 선택합니다.
[추가하기(추가하기)]를 눌러 추가합니다. 오브젝트 이
름은 '별'로 변경합니다.

'엔트리봇' 오브젝트는 삭제합니다. (프로젝트를 새로 만들면 기본으로 나타나는 '엔트리봇' 오브젝트는 사
용하지 않으므로 처음부터 삭제해 두어도 괜찮습니다.)

01 신호를 만들어 추가합니다. 탭 중에서 [속성(속성)] 탭을 누른 후, [신호(신호)]를 선택합니다.

02 신호 '색깔'과 '성공'을 만들기 위해 [신호추가하기(신호 추가하기)]를 누릅니다. 신호 이름을 '색깔'이라고 입력한 후, [신호추가(신호 추가)]를 누릅니다. 그리고 신호 이름을 '성공'이라고 입력한 후, [신호추가(신호 추가)]를 누릅니다.

'미로' 오브젝트

03 미로( ) 오브젝트를 선택한 후 [시작(시작)]의 ▶ 시작하기 버튼을 클릭했을 때 블록과 [계산(계산)]의 초시계 시작하기 ▼ 블록을 가져와 연결합니다.

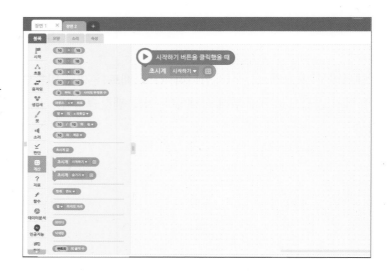

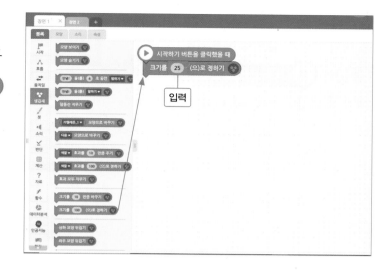

🦎 '카멜레온' 오브젝트

04 카멜레온(🦎) 오브젝트를 선택한 후 [시작(⚑)]의 ▶ 시작하기 버튼을 클릭했을 때 블록과 [생김새(🐾)]의 크기를 100 (으)로 정하기 🐾 블록을 가져와 연결하고, 크기는 '25'로 변경합니다.

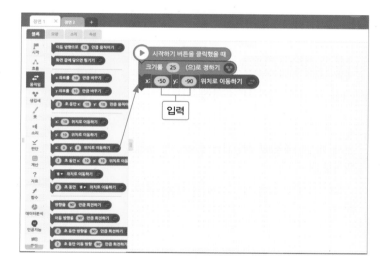

05 카멜레온이 정해진 위치로 이동하도록 [움직임(🔁)]의 x: 0 y: 0 위치로 이동하기 🔁 를 연결하고, x좌표는 '-50', 좌표는 '-90'으로 입력하여 변경합니다.

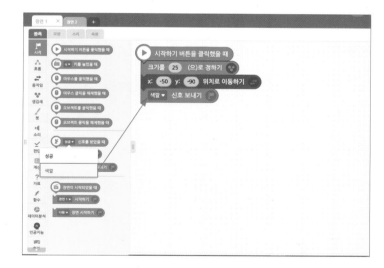

06 카멜레온이 '색깔' 신호를 보내도록 [시작(⚑)]의 성공 ▼ 신호 보내기 ⚑ 블록을 '색깔'로 변경하여 연결합니다.

07 카멜레온이 '색깔' 신호를 받았을 때 1 초 마다 다음 모양으로 바꾸도록 [시작 (🏁)]의 ⟨ 성공▼ 신호를 받았을 때 ⟩ 블록을 '색깔'로 변경하여 가져옵니다.

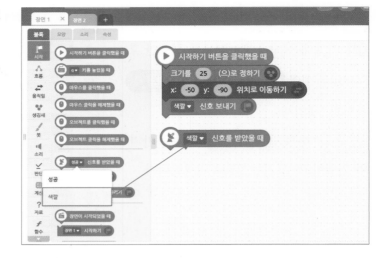

08 [흐름(⚙)]의 ⟨ 계속 반복하기 ⟩ 블록 과 ⟨ 2 초 기다리기 ⟩ 블록을 연결하고, 시간을 '1'로 입력하여 변경합니다.

————————————————— **why**

문제 지문의 (ㄱ)에 해당하는 입력값에 대해 알아봅시다.
'색깔' 신호를 받았을 때 '1' 초 마다 카멜레온의 모양이 바뀌므로, '1' 초 기다리는 코드입니다.

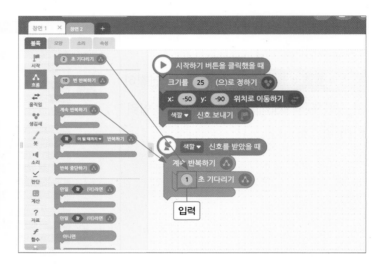

09 이어서 [생김새(🎭)]의 ⟨ 다음▼ 모양으로 바꾸기 ⟩ 블록을 연결합니 다.

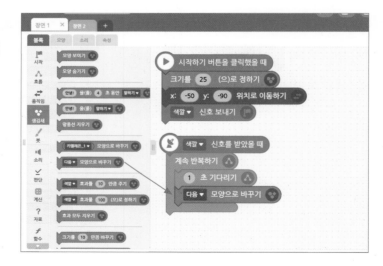

10 화살표 키를 누르면 카멜레온이 상하 좌우로 움직이도록 [흐름(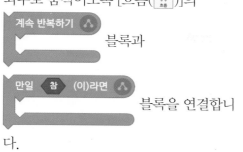)]의

계속 반복하기 블록과

만일 참 (이)라면 블록을 연결합니다.

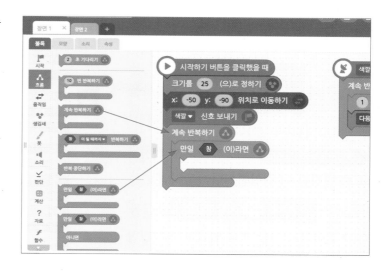

11 키보드의 왼쪽 화살표 키를 눌렀을 때 카멜레온이 왼쪽으로 이동하도록 [판단( )]의 `q ▼ 키가 눌러져 있는가?` 블록을 '왼쪽 화살표'로 변경한 뒤 결합합니다.

12 [움직임]의

x 좌표를 10 만큼 바꾸기 블록을 연결하고 숫자를 '−3'으로 입력하여 변경합니다.

tip

좌우로 움직이기 위해서는 x 좌표를 10 만큼 바꾸기 블록을 이용하고, 상하로 움직이기 위해서는 y 좌표를 10 만큼 바꾸기 블록을 이용합니다.

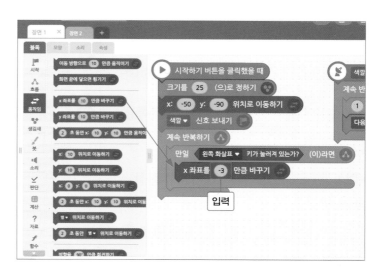

13 키보드의 오른쪽 화살표 키를 눌렀을 때 카멜레온이 오른쪽으로 이동하도록 [흐름()]의 블록을 연결하고, [판단(판단)]의 `q ▼ 키가 눌러져 있는가?` 블록을 '오른쪽 화살표'로 변경한 뒤 결합합니다. [움직임(움직임)]의 `x 좌표를 10 만큼 바꾸기` 블록을 연결하고 숫자를 '3'으로 입력하여 변경합니다.

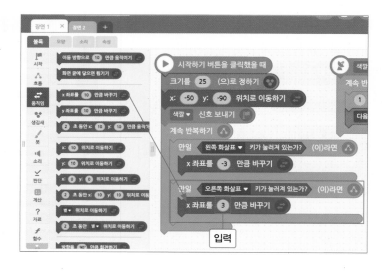

14 키보드의 위쪽 화살표 키를 눌렀을 때 카멜레온이 위쪽으로 이동하도록 [흐름()]의 블록을 연결하고, [판단(판단)]의 `q ▼ 키가 눌러져 있는가?` 블록을 '위쪽 화살표'로 변경한 뒤 결합합니다. [움직임(움직임)]의 `y 좌표를 10 만큼 바꾸기` 블록을 연결하고 숫자를 '3'으로 입력하여 변경합니다.

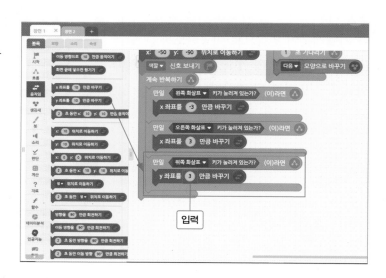

15 키보드의 아래쪽 화살표 키를 눌렀을 때 카멜레온이 아래쪽으로 이동하도록 [흐름()]의 블록을 연결하고, [판단(판단)]의 `q ▼ 키가 눌러져 있는가?` 블록을 '아래쪽 화살표'로 변경한 뒤 결합합니다. [움직임(움직임)]의 `y 좌표를 10 만큼 바꾸기` 블록을 연결하고 숫자를 '-3'으로 입력하여 변경합니다.

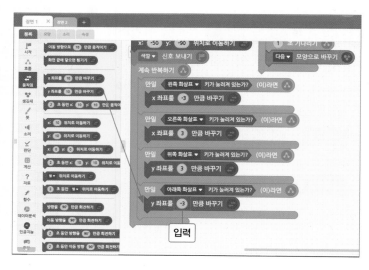

16 카멜레온이 미로에 닿았는지 조건을 검사하기 위해 [흐름( )]의

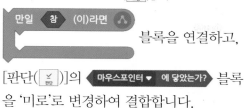

블록을 연결하고, [판단( )]의 <마우스포인터 ▼ 에 닿았는가?> 블록을 '미로'로 변경하여 결합합니다.

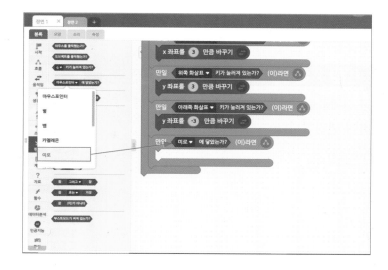

17 카멜레온이 미로에 닿으면 처음 위치로 되돌아가기 위해 [움직임( )]의 x: 0 y: 0 위치로 이동하기 를 연결하고, x좌표는 '−50', 좌표는 '−90'으로 입력하여 변경합니다.

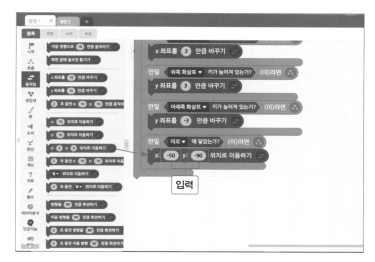

18 카멜레온이 뱀에 닿았는지 조건을 검사하기 위해 [흐름( )]의

만일 참 (이)라면 블록을 연결하고, [판단( )]의 <마우스포인터 ▼ 에 닿았는가?> 블록을 '뱀'으로 변경하여 결합합니다.

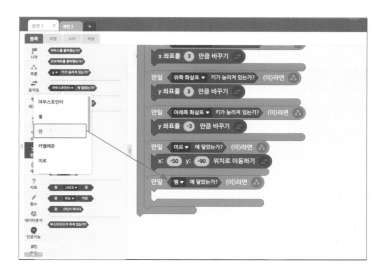

19 카멜레온이 뱀에 닿으면 처음 위치로 되돌아가기 위해 [움직임(🔁)]의 x: 0 y: 0 위치로 이동하기 🔁 를 연결하고, x좌표는 '−50', 좌표는 '−90'으로 입력하여 변경합니다.

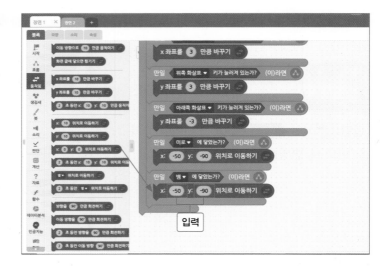

👤 '뱀' 오브젝트

20 뱀(👤) 오브젝트를 선택한 후 [시작(🏳)]의 ▶ 시작하기 버튼을 클릭했을 때 블록과 [생김새(🌀)]의 크기를 100 (으)로 정하기 🔄 블록을 가져와 연결하고, 크기는 '50'으로 변경합니다.

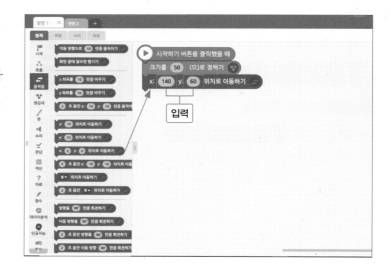

21 뱀이 정해진 위치로 이동하도록 [움직임(🔁)]의 x: 0 y: 0 위치로 이동하기 🔁 를 연결하고, x좌표는 '140', 좌표는 '60'으로 입력하여 변경합니다.

22 뱀이 3초 마다 무작위 위치로 이동하 도록 [흐름(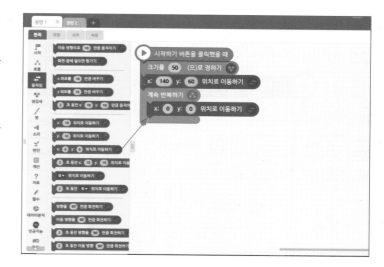)]의 계속 반복하기 블록 과 [움직임( )]의 x: 0 y: 0 위치로 이동하기 를 연결합 니다.

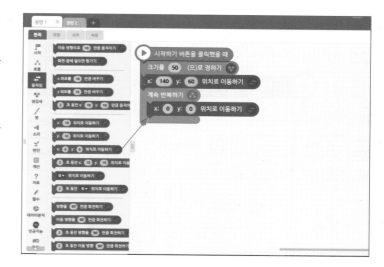

23 뱀의 x좌표는 [계산( )]의 0 부터 10 사이의 무작위 수 블록을 가져와 무 작위수를 '−200'과 '200'으로 입력하여 결 합하고, y좌표는 0 부터 10 사이의 무작위 수 블록의 무작위수를 '−120'과 '120'으로 입 력하여 결합합니다.

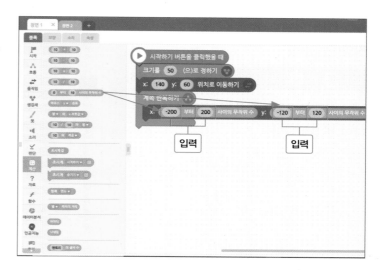

24 이어서 [흐름( )]의 2 초 기다리기 블록을 연결하고, 시 간을 '3'으로 입력하여 변경합니다.

———————————— why

문제 지문의 (ㄴ)에 해당하는 입력값에 대해 알아봅시다.
'3' 초마다 뱀이 무작위 수 위치로 이동하므로 '3' 초를 기다리는 코드입니다.

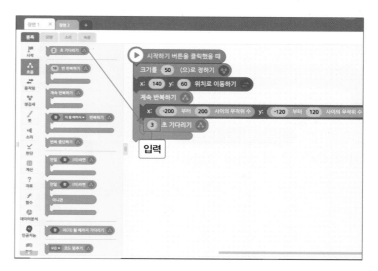

 '별' 오브젝트

25 별(★) 오브젝트를 선택한 후 [시작
(🏳)]의 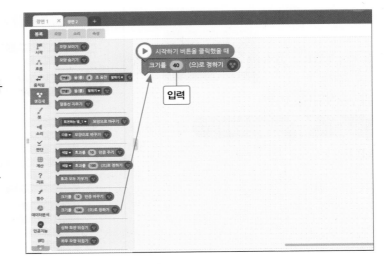 블록
과 [생김새(🎨)]의

크기를 100 (으)로 정하기 ✕ 블록을 가져
와 연결하고, 크기는 '40'으로 변경합니다.

26 별이 정해진 위치로 이동하도록 [움
직임(⇄)]의

x: 0 y: 0 위치로 이동하기 ⇄ 를 연결하
고, x좌표는 '195', 좌표는 '-90'으로 입력
하여 변경합니다.

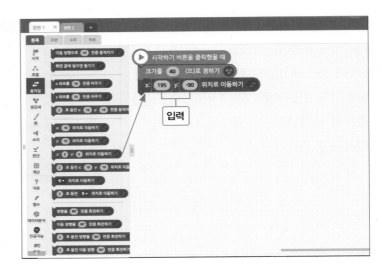

27 별이 카멜레온에 닿을 때까지 반복하
도록 [흐름(⚖)]의

 블록에 [판

단(✓)]의 마우스포인터 ▼ 에 닿았는가? 블록을
'카멜레온'으로 변경하여 결합합니다.

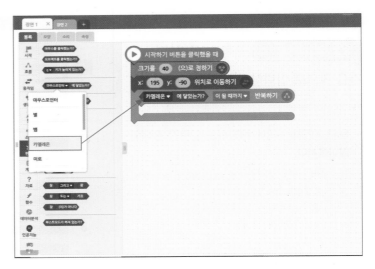

28 별이 카멜레온에 닿을 때까지 0.1초 마다 다음 모양으로 바꾸도록 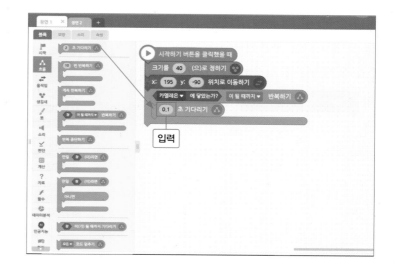 블록을 연결하고, 시간을 '0.1'로 입력하여 변경합니다.

29 이어서 [생김새(🎨)]의 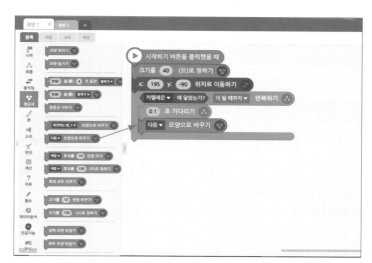 블록을 연결합니다.

30 별이 카멜레온에 닿았는지 조건을 검사하기 위해 [흐름(🔁)]의  블록을 연결하고, [판단(✓)]의 〈마우스포인터 ▼ 에 닿았는가?〉 블록을 '카멜레온'으로 변경하여 결합합니다.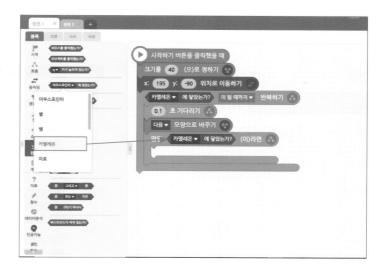

31 별이 카멜레온에 닿으면 '성공' 신호
를 보내고 다른 오브젝트의 코드를 멈추고
2초 후 '장면2'를 시작하도록 [시작(🚩)]
의 `성공 ▼ 신호 보내기 🚩` 블록을 연결합니
다.

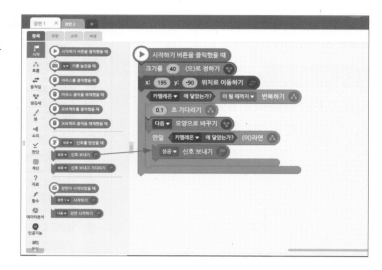

32 이어서 [흐름(🔼)]의
`모든 ▼ 코드 멈추기 🔼` 블록을 '다른 오브
젝트의'로 변경하여 연결하고,
`2 초 기다리기 🔼` 블록을 가져와 연결합
니다.

────────────── why

**문제 지문의 (ㄷ)에 해당하는 입력값에 대해
알아봅시다.**
별이 오브젝트에 닿으면 '성공' 신호를 보내고
'다른 오브젝트'의 코드를 멈춘다음 '2' 초 후에
'장면 2'가 시작되므로, '2' 초를 기다리는 코드
입니다.

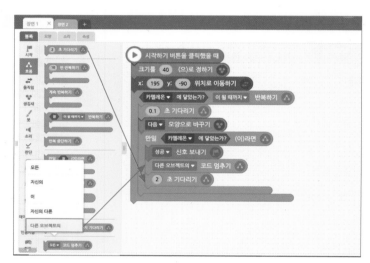

33 그리고 [시작(🚩)]의
`장면 1 ▼ 시작하기 🚩` 블록에서 '장면2'로
변경하여 연결합니다.

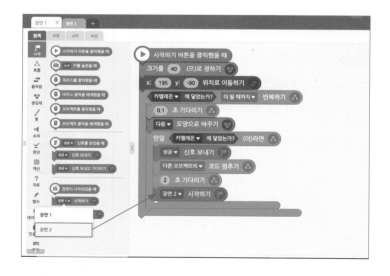

🔲 '뱀' 오브젝트

34 뱀(🔲) 오브젝트를 선택합니다. 뱀이 '성공' 신호를 받으면 최종 기록을 말하도록 [시작(🏳️)]의

🔊 성공 ▼ 신호를 받았을 때 블록과 [생김새 (🎨)]의 **안녕! 을(를) 말하기 ▼ 🔊** 블록을 가져와 연결합니다.

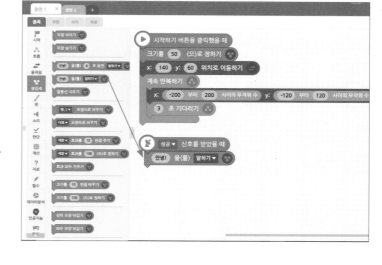

35 최종 기록을 나타내기 위해 [계산 (🔲)]의 **10 + 10** 블록의 앞에 **초시계 값** 블록을 가져와서 결합하고, 뒤에 '] 입니다'라고 입력하여 변경합니다. 그리고 **10 + 10** 블록을 하나 더 가져와 앞에 '최종 기록은 ['이라고 입력하고, 뒤에 결합한 **초시계 값 +] 입니다.** 블록을 결합하여

최종 기록은 [+ 초시계 값 +] 입니다. 을 **안녕! 을(를) 말하기 ▼ 🔊** 블록과 결합합니다.

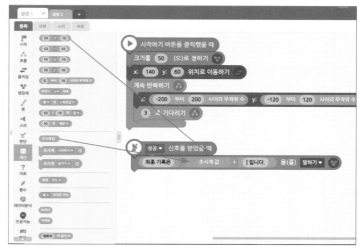

🔲 '미로' 오브젝트

36 미로(🔲) 오브젝트를 선택합니다. '성공' 신호를 받았을 때 초시계가 정지하도록 [시작(🏳️)]의

🔊 성공 ▼ 신호를 받았을 때 블록에 [계산 (🔲)]의 **초시계 시작하기 ▼ 🔲** 를 '정지하기'로 변경하여 연결합니다.

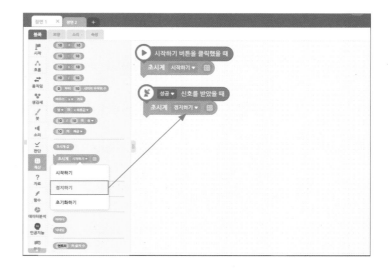

'꽃밭' 오브젝트

37 '장면2'의 꽃밭(▣) 오브젝트를 선택
합니다. [시작(📄)]의

📽️ 장면이 시작되었을 때 블록과 [계산(▦)]

의 초시계 숨기기 ▾ ▦ 블록을 가져와 연

결합니다.

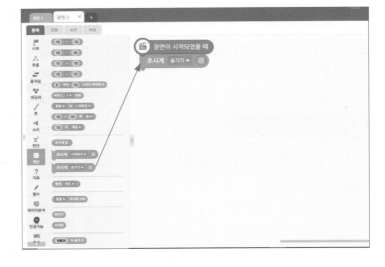

38 [생김새(🔅)]의

안녕! 을(를) 말하기 ▾ 🔅 블록을 가져와

내용을 '미션 성공!'이라고 변경하고 연결
합니다.

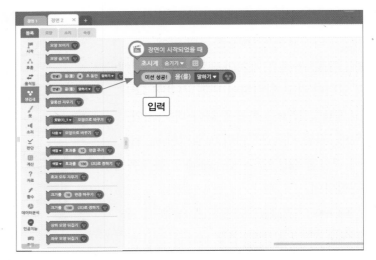

입력

39 ▶ 시작하기 를 클릭하여 초시계가 시작하고, 카멜레온이 상하좌우 화살표 키를 눌렀을 때 이동하는지와 '1'초 마다 모양이 바뀌고, 미로 벽에 닿거나 뱀에 닿으면 처음 위치로 되돌아가는지를 확인합니다. 그리고 뱀은 '3'초 마다 위치를 바꾸는지, 미로 성공 시 최종 기록을 말하는지 확인합니다. 별이 카멜레온에 닿으면 '장면 2'가 시작되는지를 확인합니다.

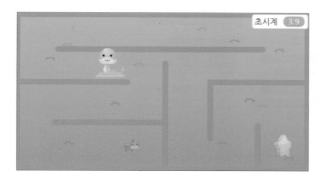

■ '꽃밭' 오브젝트

01 '장면2'의 꽃밭(■) 오브젝트를 선택합니다. [시작(🚩)]의

(🖱 오브젝트를 클릭했을 때) 블록과 [생김새(🌀)]에서

색깔▼ 효과를 100 (으)로 정하기 🌀 를 가져와 연결하고, 효과를 '50'으로 입력하여 변경합니다.

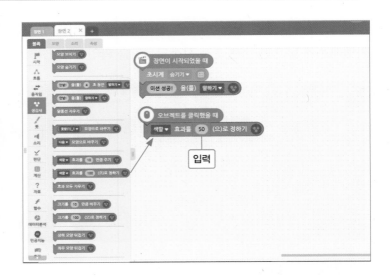

02 [생김새(🌀)]의

안녕! 을(를) 말하기▼ 🌀 블록을 가져와 내용을 '처음부터 다시 실행합니다.'라고 변경하고 연결합니다.

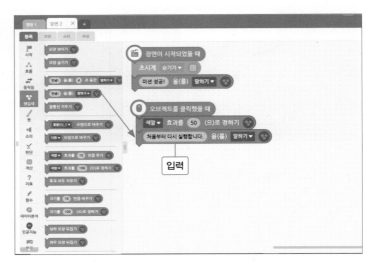

03 이어서 [흐름(△)]에서

2 초 기다리기 △ 블록과

처음부터 다시 실행하기 △ 를 가져와 연결합니다.

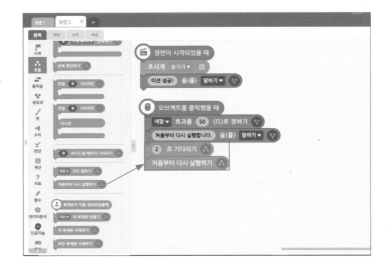

'미로' 오브젝트

시작하기 버튼을 클릭했을 때
초시계 시작하기 ▼

성공 ▼ 신호를 받았을 때
초시계 정지하기 ▼

'카멜레온' 오브젝트

시작하기 버튼을 클릭했을 때
크기를 25 (으)로 정하기
x: -50 y: -90 위치로 이동하기
색깔 ▼ 신호 보내기
계속 반복하기
  만일 왼쪽 화살표 ▼ 키가 눌러져 있는가? (이)라면
    x 좌표를 -3 만큼 바꾸기
  만일 오른쪽 화살표 ▼ 키가 눌러져 있는가? (이)라면
    x 좌표를 3 만큼 바꾸기
  만일 위쪽 화살표 ▼ 키가 눌러져 있는가? (이)라면
    y 좌표를 3 만큼 바꾸기
  만일 아래쪽 화살표 ▼ 키가 눌러져 있는가? (이)라면
    y 좌표를 -3 만큼 바꾸기
  만일 미로 ▼ 에 닿았는가? (이)라면
    x: -50 y: -90 위치로 이동하기
  만일 뱀 ▼ 에 닿았는가? (이)라면
    x: -50 y: -90 위치로 이동하기

색깔 ▼ 신호를 받았을 때
계속 반복하기
  1 초 기다리기
  다음 ▼ 모양으로 바꾸기

'뱀' 오브젝트

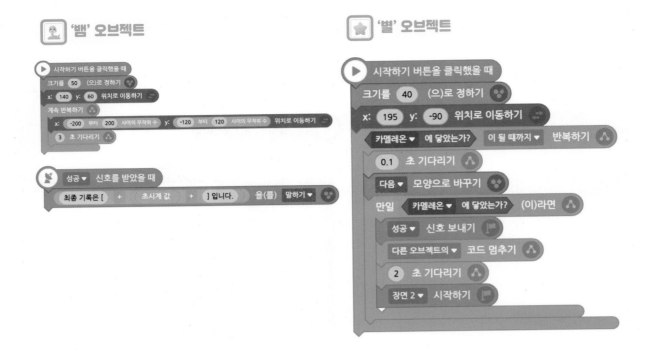

'별' 오브젝트

'꽃밭' 배경(장면2)

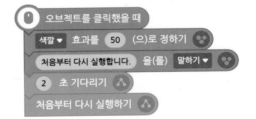

MEMO

학습 가이드

공개된 샘플 문제들을 통해 시험문제를 어떻게 해결해야 할지 풀이 과정을 따라 하면서 자세히 파악할 수 있었습니다. 이번 파트부터는 모의시험을 여러 번 스스로 직접 풀어가면서 실전에 대한 자신감을 높이도록 합시다.

PART 04

2급
기출 유형
문제

2급 기출 유형 문제 1회

> **프로젝트 설명**

신호등은 색이 바뀌고, 구름은 화면 왼쪽으로 움직인다. 자동차는 신호등을 지키면서 달리고, 자율주행 자동차는 신호등을 지키면서 달리며 앞의 자동차와 거리를 유지한다. 자동차가 오른쪽 벽에 닿으면 장면이 바뀌고, 바뀐 장면을 클릭하면 처음 장면으로 되돌아간다.

문제 1 다음 [처리조건]에 따라 배경 및 개체를 설정하시오. (10점)

▶ 배경 설정하기

처리조건	배경	
① '장면1'에 '도로' 배경을 불러오기 　　– 이름 **변경 없음** ② '장면2'에 '마을' 배경을 불러오기 　　– 이름 **변경 없음**	① 도로	② 마을

▶ 개체 설정하기 (오브젝트는 순서대로 불러올 것)

처리조건	오브젝트	
① '구름(2)' 오브젝트를 불러오기 　－ 이름을 **'구름'**으로 변경하기 ② '자율주행 자동차(2)' 오브젝트를 불러오기 　－ 이름을 **'자율주행 자동차'**로 변경하기 ③ '자동차' 오브젝트를 불러오기 　－ 이름 **변경 없음** ④ '신호등(2)' 오브젝트를 불러오기 　－ 이름을 **'신호등'**으로 변경하기 ※ 기존의 '엔트리봇' 오브젝트는 삭제한다.	① 구름(2)	② 자율주행 자동차(2)
	③ 자동차	④ 신호등(2)

문제 2　[주요블록]을 모두 사용하여 [처리조건]에 따라 개체를 코딩하시오. (80점)

▶ '구름' 오브젝트

	시작하면 '구름'은 화면 오른쪽에 위치한다. '구름'은 화면 오른쪽에서 화면 왼쪽으로 이동하는 것을 계속 반복한다.

처리조건	주요블록
① 시작하기 버튼을 클릭했을 때 　• 크기를 '70'으로 정하기 　• 계속 반복하기 　－ x: '30', y: '55' 위치로 이동하기 　－ '40'번 반복하기 　　└ x좌표를 '−10' 만큼 바꾸기 　　└ '0.1' 초 기다리기	

▶ '자율주행 자동차' 오브젝트

'자율주행 자동차'는 화면 왼쪽에서 오른쪽으로 '속도' 값만큼 계속 움직인다.
'신호등'이 '초록'이면 '속도'를 '3'으로 하고, '빨강'이면 '속도'를 '0'으로 한다. 앞의 '자동차'와의
거리가 '70' 미만이면 속도를 '1'로 줄인다.

처리조건	주요블록
① '속도' 변수 만들기 　(변수 기본 값은 '0', '모든 오브젝트에 사용' 설정하기) ② '신호등' 변수 만들기 　(변수 기본 값은 '초록', '모든 오브젝트에 사용' 설정하기) ③ 시작하기 버튼을 클릭했을 때 　• 크기를 '40'으로 정하기 　• x: '–200', y: '–70' 위치로 이동하기 　• 계속 반복하기 　　– 이동 방향을 '속도' 값만큼 움직이기 　　– 만일 '신호등' 값 = '초록' 이라면 　　└ '속도'를 '3'으로 정하기 　　– 만일 '신호등' 값 = '빨강' 이라면 　　└ '속도'를 '0'으로 정하기 　　└ '멈춤'을 '1' 초 동안 '말하기' 　　– 만일 '자동차 까지의 거리' < '(ㄱ)' 이라면 　　└ '속도'를 '1'로 정하기 　　└ '거리유지'를 '1' 초 동안 '말하기'	이동 방향으로 ⓪ 만큼 움직이기 ⇄ ⟨ 0 = 0 ⟩ ⟨ 0 < 0 ⟩ 변수 ▼ 값 변수 ▼ 를 0 (으)로 정하기 ? 만일 　참　 (이)라면 ∧

▶ '자동차' 오브젝트

'자동차'는 화면 왼쪽에서 오른쪽으로 '속도' 값만큼 '0.01' 초마다 계속 움직인다. '신호등'이 '초록'이면 '속도'를 '1'로 하고, '빨강'이면 '속도'를 '0'으로 한다. 오른쪽 벽에 닿을때까지 기다렸다가 '장면2'를 시작한다.

처리조건	주요블록
① 시작하기 버튼을 클릭했을 때 • '속도'를 '0'으로 정하기 • 크기를 '40'으로 정하기 • x: '–150', y: '–70' 위치로 이동하기 • 계속 반복하기 – 이동 방향을 '속도' 값만큼 움직이기 – '0.01' 초 기다리기 – 만일 '신호등' 값 = '초록' 이라면 └ '속도'를 '(ㄴ)'으로 정하기 – 만일 '신호등' 값 = '빨강' 이라면 └ '속도'를 '0'으로 정하기 ② 시작하기 버튼을 클릭했을 때 • x: '30', y: '55' 위치로 이동하기 • 크기를 '120'으로 정하기 • 계속 반복하기 – '오른쪽 벽에 닿았는가'가 될 때까지 기다리기 – '장면2' 시작하기	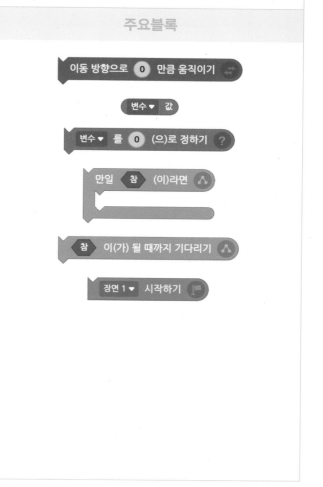

▶ '신호등' 오브젝트

 시작되면 '신호등'은 '초록'이다. '2' 초 후 '빨강'이 되고, 다시 '2' 초 후 '초록'으로 바뀐다.

처리조건	주요블록
① 시작하기 버튼을 클릭했을 때 　• x좌표 '0', y좌표 '110' 위치로 이동하기 　• '신호등' 값을 '초록'으로 정하기 　• '신호등(2)_초록' 모양으로 바꾸기 　• '(ㄷ)' 초 기다리기 　• '신호등' 값을 '빨강'으로 정하기 　• '신호등(2)_빨강' 모양으로 바꾸기 　• '2' 초 기다리기 　• '신호등' 값을 '초록'으로 정하기 　• '신호등(2)_초록' 모양으로 바꾸기	x: 0 y: 0 위치로 이동하기 변수▼ 를 0 (으)로 정하기 0 초 기다리기 엔트리봇_걷기1▼ 모양으로 바꾸기

▶ '마을' 배경

 '자동차'가 오른쪽 벽에 닿으면 '장면2'가 시작된다.
변수들은 숨기기하고, '무사히 도착!'을 말하기 한다.

처리조건	주요블록
◎ 장면이 시작되었을 때 　• '신호등' 숨기기 　• '속도' 숨기기 　• '무사히 도착!'을 '4' 초 동안 '말하기'	장면이 시작되었을 때 변수 변수▼ 숨기기

▶ '마을' 배경

'장면 2'에서 '마을' 배경을 클릭하면
처음부터 다시 실행하도록 프로젝트를 개선하려고 한다.

처리조건	주요블록
◎ 오브젝트를 클릭했을 때 • '색깔' 효과를 '50'으로 정하기 • '처음부터 다시 실행합니다.'를 '말하기' • '2' 초 기다리기 • 처음부터 다시 실행하기	오브젝트를 클릭했을 때 색깔 ▼ 효과를 0 (으)로 정하기 처음부터 다시 실행하기

※ [문제1]의 정답, 오브젝트 추가된 결과는 배포된 정답 파일에서 확인합니다.

☐ '구름' 오브젝트

▶ 시작하기 버튼을 클릭했을 때
크기를 70 (으)로 정하기
계속 반복하기
　x: 180 y: 80 위치로 이동하기
　40 번 반복하기
　　x 좌표를 -10 만큼 바꾸기
　　0.1 초 기다리기

🚗 '자율주행 자동차' 오브젝트

▶ 시작하기 버튼을 클릭했을 때
크기를 40 (으)로 정하기
x: -200 y: -70 위치로 이동하기
계속 반복하기
　이동 방향으로 속도 ▼ 값 만큼 움직이기
　만일 〈 신호등 ▼ 값 = 초록 〉 (이)라면
　　속도 ▼ 를 3 (으)로 정하기
　만일 〈 신호등 ▼ 값 = 빨강 〉 (이)라면
　　속도 ▼ 를 0 (으)로 정하기
　　멈춤 을(를) 1 초 동안 말하기 ▼
　만일 〈 자동차 ▼ 까지의 거리 < 70 〉 (이)라면
　　속도 ▼ 를 1 (으)로 정하기
　　거리유지 을(를) 1 초 동안 말하기 ▼

'자동차' 오브젝트

시작하기 버튼을 클릭했을 때
- x: 0 y: 110 위치로 이동하기
- 신호등 ▼ 를 초록 (으)로 정하기
- 신호등(2)_초록 ▼ 모양으로 바꾸기
- 2 초 기다리기
- 신호등 ▼ 를 빨강 (으)로 정하기
- 신호등(2)_빨강 ▼ 모양으로 바꾸기
- 2 초 기다리기
- 신호등 ▼ 를 초록 (으)로 정하기
- 신호등(2)_초록 ▼ 모양으로 바꾸기

시작하기 버튼을 클릭했을 때
- 오른쪽 벽 ▼ 에 닿았는가? 이(가) 될 때까지 기다리기
- 장면 2 ▼ 시작하기

'신호등' 오브젝트

시작하기 버튼을 클릭했을 때
- x: 0 y: 110 위치로 이동하기
- 신호등 ▼ 를 초록 (으)로 정하기
- 신호등(2)_초록 ▼ 모양으로 바꾸기
- 2 초 기다리기
- 신호등 ▼ 를 빨강 (으)로 정하기
- 신호등(2)_빨강 ▼ 모양으로 바꾸기
- 2 초 기다리기
- 신호등 ▼ 를 초록 (으)로 정하기
- 신호등(2)_초록 ▼ 모양으로 바꾸기

'마을' 배경 (장면2)

장면이 시작되었을 때
- 변수 신호등 ▼ 숨기기
- 변수 속도 ▼ 숨기기
- 무사히 도착! 을(를) 4 초 동안 말하기 ▼

오브젝트를 클릭했을 때
- 색깔 ▼ 효과를 50 (으)로 정하기
- 처음부터 다시 실행합니다. 을(를) 말하기 ▼
- 2 초 기다리기
- 처음부터 다시 실행하기

---

why

- 자율주행 자동차 (ㄱ) : 거리가 70보다 작으면 속도를 '1'로 줄입니다.
- 자동차 (ㄴ) : 자동차의 달리는 속도를 '1'로 정하는 코드입니다.
- 신호등 (ㄷ) : 신호등이 '초록'이었다가 '빨강'으로 바뀌는 시간간격입니다.

2급 기출 유형 문제 2회

프로젝트 설명

강아지가 간식 버튼을 누르면, 소년은 고구마를 준다. 강아지는 "냠냠" 간식을 먹은 후 "멍멍"이라고 한다. 소년이 "산책 갈까?"라고 말하면 강아지가 달려오고, 장면이 바뀐다. 바뀐 장면을 클릭하면 처음 장면으로 되돌아간다.

문제 1 다음 [처리조건]에 따라 배경 및 개체를 설정하시오. (10점)

▶ **배경 설정하기**

처리조건	배경
① '장면1'에 '방(2)' 배경을 불러오기 　– 이름을 **'방'**으로 변경하기 ② '장면2'에 '공원' 배경을 불러오기 　– 이름 **변경 없음**	① 방(2)　　　　② 공원

▶ 개체 설정하기 (오브젝트는 순서대로 불러올 것)

처리조건	오브젝트	
① '결과 확인 버튼' 오브젝트를 불러오기 　– 이름을 '간식 버튼'으로 변경하기 ② '강아지' 오브젝트를 불러오기 　– 이름 **변경 없음** ③ '소년(3)' 오브젝트를 불러오기 　– 이름을 '**소년**'으로 변경하기 ④ '고구마' 오브젝트를 불러오기 　– 이름 **변경 없음** ※ 기존의 '엔트리봇' 오브젝트는 삭제한다.	① 결과 확인 버튼	② 강아지
	③ 소년(3)	④ 고구마

문제 2　[주요블록]을 모두 사용하여 [처리조건]에 따라 개체를 코딩하시오. (80점)

▶ '간식버튼' 오브젝트

 '간식 버튼'은 '간식' 신호를 받았을 때, '결과 확인 버튼_2'로 모양이 바뀌었다가 '간식'을 '1' 초 동안 말한 후, 다시 '결과 확인 버튼_1'로 바뀐다.

처리조건	주요블록
① '간식' 신호 만들기 ② 시작하기 버튼을 클릭했을 때 　• 크기를 '50'으로 정하기 　• x: '-30', y: '-70' 위치로 이동하기 　• '결과 확인 버튼_1' 모양으로 바꾸기 ③ '간식' 신호를 받았을 때 　• '결과 확인 버튼_2' 모양으로 바꾸기 　• '간식'을 '(ㄱ)' 초 동안 '말하기' 　• '결과 확인 버튼_1' 모양으로 바꾸기	▶ 시작하기 버튼을 클릭했을 때 📡 대상 없음 ▼ 신호를 받았을 때 엔트리봇_걷기1 ▼ 모양으로 바꾸기

'강아지' 오브젝트

시작하면 '강아지'는 '상태'를 '버튼'으로 정한 후, '간식' 신호를 보내고, '냠냠' 말하기 하고, '멍멍' 말하기 한 후 '산책' 신호를 보낸다. '상태' 값이 '버튼'이면 버튼 근처로 이동하고, '상태' 값이 '달리기'라면 이동방향으로 모양을 바꾸며 이동한다.

처리조건	주요블록
① '상태' 변수 만들기 　(변수 기본 값은 '버튼', '모든 오브젝트에 사용' 　설정하기) ② '산책' 신호 만들기 ③ 시작하기 버튼을 클릭했을 때 　• 크기를 '70'으로 정하기 　• x: '−120', y: '−50' 위치로 이동하기 　• '상태'를 '버튼'으로 정하기 　• '1' 초 기다리기 　• '간식' 신호 보내기 　• '2' 초 기다리기 　• '냠냠'을 '2' 초 동안 '말하기' 　• '멍멍'을 '1' 초 동안 '말하기' 　• '산책' 신호 보내기 　• '상태'를 '달리기'로 정하기 ④ 시작하기 버튼을 클릭했을 때 　• 계속 반복하기 　　− 만일 '상태' 값 = '버튼' 이라면 　　└ '1' 초 동안 x: '−70', y: '−50' 위치로 이동 　　　하기 　　└ '1' 초 동안 x: '−100', y: '−50' 위치로 이동 　　　하기 　　└ '5' 초 기다리기 　　− 만일 '상태' 값 = '(ㄴ)' 라면 　　└ '강아지_2' 모양으로 바꾸기 　　└ '0.2' 초 기다리기 　　└ '강아지_3' 모양으로 바꾸기 　　└ '0.2' 초 기다리기 　　└ 이동 방향으로 '10' 만큼 움직이기	

▶ '소년' 오브젝트

'소년'은 '산책' 신호를 받았을 때, '산책 갈까?'라고 '2' 초 동안 말하기 한 후, '장면2'를 시작하기 한다.

처리조건	주요블록
① 시작하기 버튼을 클릭했을 때 　• x: '90', y: '−42' 위치로 이동하기 ② '산책' 신호를 받았을 때 　• '산책갈까'를 '(ㄷ)' 초 동안 '말하기' 　• '장면2' 시작하기	x: 0 y: 0 위치로 이동하기 대상 없음 ▼ 신호를 받았을 때 장면 1 ▼ 시작하기

▶ '고구마' 오브젝트

'고구마'는 '소년' 위치에 있다가 '간식' 신호를 받았을 때 '강아지' 근처로 위치를 이동한다.

처리조건	주요블록
① 시작하기 버튼을 클릭했을 때 　• 모양 숨기기 　• 크기를 '25'로 정하기 　• '소년' 위치로 이동하기 ② '간식' 신호를 받았을 때 　• 모양 보이기 　• '1' 초 기다리기 　• '1' 초 동안 x: '−70', y: '−55' 위치로 이동하기 　• '1' 초 기다리기 　• 모양 숨기기	대상 없음 ▼ 신호를 받았을 때 모양 보이기 모양 숨기기 엔트리봇 ▼ 위치로 이동하기

▶ '공원' 배경

'장면2'가 시작되면 '상태' 변수는 숨기기 한다.
'산책 나오니 즐겁지?'를 '2' 초 동안 말하기 한다.

처리조건	주요블록
◎ 장면이 시작되었을 때 　• '상태' 숨기기 　• '산책 나오니 즐겁지?'룰 '2' 초 동안 '말하기'	장면이 시작되었을 때 안녕! 을(를) ⓪ 초 동안 말하기 ▾

문제 3 [주요블록]을 모두 사용하여 [처리조건]에 따라 프로젝트를 개선하시오. (10점)

▶ '공원' 배경

'장면2'에서 '공원' 배경을 클릭하면
처음부터 다시 실행하도록 프로젝트를 개선하려고 한다.

처리조건	주요블록
◎ 오브젝트를 클릭했을 때 　• '색깔' 효과를 '9'로 정하기 　• '처음부터 다시 실행합니다.' 를 '2' 초 동안 '말하기' 　• 처음부터 다시 실행하기	오브젝트를 클릭했을 때 처음부터 다시 실행하기 ⚠

※ [문제1]의 정답, 오브젝트 추가된 결과는 배포된 정답 파일에서 확인합니다.

● '간식 버튼' 오브젝트

```
시작하기 버튼을 클릭했을 때
크기를 50 (으)로 정하기
x: -30 y: -70 위치로 이동하기
결과 확인 버튼_1 ▼ 모양으로 바꾸기
```

```
간식 ▼ 신호를 받았을 때
결과 확인 버튼_2 ▼ 모양으로 바꾸기
간식 을(를) 1 초 동안 말하기 ▼
결과 확인 버튼_1 ▼ 모양으로 바꾸기
```

● '강아지' 오브젝트

```
시작하기 버튼을 클릭했을 때
크기를 70 (으)로 정하기
x: -120 y: -50 위치로 이동하기
상태 ▼ 를 버튼 (으)로 정하기
1 초 기다리기
간식 ▼ 신호 보내기
2 초 기다리기
냠냠 을(를) 2 초 동안 말하기 ▼
멍멍 을(를) 1 초 동안 말하기 ▼
산책 ▼ 신호 보내기
상태 ▼ 를 달리기 (으)로 정하기
```

```
시작하기 버튼을 클릭했을 때
계속 반복하기
  만일 상태 ▼ 값 = 버튼 (이)라면
    1 초 동안 x: -70 y: -50 위치로 이동하기
    1 초 동안 x: -100 y: -50 위치로 이동하기
    5 초 기다리기
  만일 상태 ▼ 값 = 달리기 (이)라면
    강아지_2 ▼ 모양으로 바꾸기
    0.2 초 기다리기
    강아지_3 ▼ 모양으로 바꾸기
    0.2 초 기다리기
    이동 방향으로 10 만큼 움직이기
```

🔒 '소년' 오브젝트

▶ 시작하기 버튼을 클릭했을 때
x: 90 y: -42 위치로 이동하기 ⟲

📡 산책 ▾ 신호를 받았을 때
산책 갈까? 을(를) 2 초 동안 말하기 ▾ ⚙
장면 2 ▾ 시작하기 ⚐

👓 '고구마' 오브젝트

▶ 시작하기 버튼을 클릭했을 때
모양 숨기기 ⚙
크기를 25 (으)로 정하기 ⚙
소년 ▾ 위치로 이동하기 ⟲

📡 간식 ▾ 신호를 받았을 때
모양 보이기 ⚙
1 초 기다리기 ⌁
1 초 동안 x: -70 y: -55 위치로 이동하기 ⟲
1 초 기다리기 ⌁
모양 숨기기 ⚙

🎬 '공원' 배경(장면2)

🎬 장면이 시작되었을 때
변수 상태 ▾ 숨기기 ❓
산책 나오니 즐겁지? 을(를) 2 초 동안 말하기 ▾ ⚙

🖱 오브젝트를 클릭했을 때
색깔 ▾ 효과를 9 (으)로 정하기 ⚙
처음부터 다시 실행합니다. 을(를) 2 초 동안 말하기 ▾ ⚙
처음부터 다시 실행하기 ⌁

_____ why

- 간식버튼 (ㄱ) : '간식' 신호를 받으면 '간식'이라고 '1' 초 동안 말하기 합니다.
- 강아지 (ㄴ) : 만일 '상태' 변수 값이 '달리기'라면. 달리는 모습으로 코드를 만듭니다.
- 소년 (ㄷ) : '산책' 신호를 받았을 때 산책가자고 '4' 초 동안 말하기한다.

<table>
<tr><td colspan="3" align="center">프로젝트 설명</td></tr>
</table>

다람쥐가 규칙을 설명을 하고, 스페이스 키를 누르면 주사위 두개의 모양이 바뀌다가 무작위 수로 보인다. 확인을 누르면 주사위 둘 다 짝수라면 장면이 바뀐다. 바뀐 장면을 클릭하면 처음 장면으로 되돌아간다.

 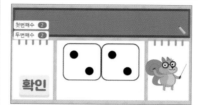 

문제 1 다음 [처리조건]에 따라 배경 및 개체를 설정하시오. (10점)

▶ **배경 설정하기**

처리조건	배경	
① '장면1'에 '나의공책' 배경을 불러오기 – 이름 **변경 없음** ② '장면2'에 '들판(1)' 배경을 불러오기 – 이름을 '**들판**'으로 변경하기	① 나의공책	② 들판(1)

▶ 개체 설정하기 (오브젝트는 순서대로 불러올 것)

처리조건	오브젝트	
① '주사위' 오브젝트를 불러오기 – 이름을 **'주사위1'**로 변경하기 ② '주사위' 오브젝트를 불러오기 – 이름을 **'주사위2'**로 변경하기 ③ '확인 버튼' 오브젝트를 불러오기 – 이름 **변경 없음** ④ '똑똑한다람쥐' 오브젝트를 불러오기 – 이름을 **'다람쥐'**로 변경하기 ※ 기존의 '엔트리봇' 오브젝트는 삭제한다.	① 주사위 ⊡	② 주사위 ⊡
	③ 확인 버튼 확인	④ 똑똑한다람쥐 🐭

▶ **'주사위1' 오브젝트**

시작하면 '주사위1'은 '주사위_1' 모양으로 보인다.
'스페이스' 키를 누르면 모양이 '10'회 바뀐 후, '1' 부터 '6' 사이의 무작위수로 보인다. '두번째주사위' 신호를 보낸다.

처리조건	주요블록

① '첫번째수' 변수 만들기
   (변수 기본 값은 '0', '모든 오브젝트에 사용' 설정하기)
② '두번째주사위' 신호 만들기
③ 시작하기 버튼을 클릭했을 때
  • x: '−50', y: '−20' 위치로 이동하기
  • '주사위_1' 모양으로 바꾸기
④ '스페이스' 키를 눌렀을 때
  • '첫번째수'를 '1' 부터 '6' 사이의 무작위 수로 정하기
  • '(ㄱ)'번 반복하기
    − '1' 부터 '6' 사이의 무작위 수 모양으로 바꾸기
  • '첫번째수' 값 모양으로 바꾸기
  • '두번째주사위' 신호 보내기

▶ '주사위2' 오브젝트

시작하면 '주사위2'는 '주사위_1' 모양으로 보인다.
'두번째주사위' 신호를 받으면 모양이 '10'회 바뀐 후, '1' 부터 '6' 사이의 무작위수로 보인다. '확인' 신호를 보낸다.

처리조건	주요블록
① '두번째수' 변수 만들기 (변수 기본 값은 '0', '모든 오브젝트에 사용' 설정하기) ② '확인' 신호 만들기 ③ 시작하기 버튼을 클릭했을 때 　• x: '50', y: '−20' 위치로 이동하기 　• '주사위_1' 모양으로 바꾸기 ④ '두번째주사위' 신호를 받았을 때 　• '두번째수'를 '1' 부터 '6' 사이의 무작위 수로 정하기 　• '10'번 반복하기 　　− '1' 부터 '6' 사이의 무작위 수 모양으로 바꾸기 　• '두번째수' 값 모양으로 바꾸기 　• '확인' 신호 보내기	▶ 시작하기 버튼을 클릭했을 때 대상 없음 ▼ 신호를 받았을 때 대상 없음 ▼ 신호 보내기 0 부터 0 사이의 무작위 수 변수 ▼ 를 0 (으)로 정하기 ? 0 번 반복하기

▶ '확인 버튼' 오브젝트

 주사위의 값이 정해진 후, '확인 버튼'이 보인다. '확인 버튼'을 누르면 주사위 둘다 짝수인지 판단하여, 참이면 장면을 바꾸고 아니면 '실패!'라고 말한다.

처리조건	주요블록

처리조건

① '첫번째수판별' 변수 만들기
  (변수 기본 값은 **'홀수'**, '모든 오브젝트에 사용' 설정하기)

② '두번째수판별' 변수 만들기
  (변수 기본 값은 **'홀수'**, '모든 오브젝트에 사용' 설정하기)

③ 시작하기 버튼을 클릭했을 때
  • '첫번째수판별' 숨기기
  • '두번째수판별' 숨기기
  • x: '−175', y: '−87' 위치로 이동하기
  • 크기를 '70'으로 정하기
  • 모양 숨기기

④ '확인' 신호를 받았을 때
  • 모양 보이기

⑤ 오브젝트를 클릭했을 때
  • 만일 **'첫번째수' 값 / '2'의 나머지 = 0** 이라면
    – '첫번째수판별'을 '짝수'로 정하기
  • 만일 **'두번째수' 값 / '2'의 나머지 = 0** 이라면
    – '두번째수판별'을 '짝수'로 정하기
  • 만일 **'첫번째수판별' 값 = '짝수' 그리고 '두번째수판별'= '짝수'** 라면
    – '다음' 장면 시작하기
  • 아니면
    – '(ㄴ)'을 '4' 초 동안 '말하기'

주요블록

- 오브젝트를 클릭했을 때
- 다음 ▼ 장면 시작하기
- 0 / 0 의 몫 ▼
- 0 = 0
- 참 그리고 ▼ 참
- 만일 참 (이)라면
- 만일 참 (이)라면 / 아니면

▶ '다람쥐' 오브젝트

시작되면 '다람쥐'는 규칙을 설명한다. 확인신호를 받았을 때 '확인 버튼'을 눌러 결과를 확인하라고 '2' 초 동안 말한다.

처리조건	주요블록
① 시작하기 버튼을 클릭했을 때 • x: '170', y: '−50' 위치로 이동하기 • '둘 다 짝수이면 탈출 성공! 스페이스키 누르세요'를 '2' 초 동안 '말하기' ② '확인' 신호를 받았을 때 • '확인버튼을 눌러 결과를 확인하세요.'를 '(ㄷ)' 초 동안 '말하기'	▶ 시작하기 버튼을 클릭했을 때 ✿ 대상 없음 ▾ 신호를 받았을 때 안녕! 을(를) 0 초 동안 말하기 ▾

▶ '들판' 배경

'확인 버튼'을 클릭했을 때, 둘다 짝수이면 '장면2'로 바뀐다.
'장면2'가 시작되면 변수들은 숨기기하고, '탈출 성공! 축하합니다'라고 말한다.

처리조건	주요블록
◎ 장면이 시작되었을 때 • '첫번째수' 숨기기 • '두번째수' 숨기기 • '첫번째수판별' 숨기기 • '두번째수판별' 숨기기 • '탈출 성공! 축하합니다.'를 '2' 초 동안 '말하기'	📽 장면이 시작되었을 때 변수 변수 ▾ 숨기기 ?

▶ '들판' 배경

	'장면 2'에서 '들판' 배경을 클릭하면 처음부터 다시 실행하도록 프로젝트를 개선하려고 한다.

처리조건	주요블록
◎ 오브젝트를 클릭했을 때 　• '색깔' 효과를 '60'으로 정하기 　• '처음부터 다시 실행합니다.' 를 '말하기' 　• '2' 초 기다리기 　• 처음부터 다시 실행하기	오브젝트를 클릭했을 때 색깔 ▼ 효과를 0 (으)로 정하기 처음부터 다시 실행하기

정답

※ [문제1]의 정답, 오브젝트 추가된 결과는 배포된 정답 파일에서 확인합니다.

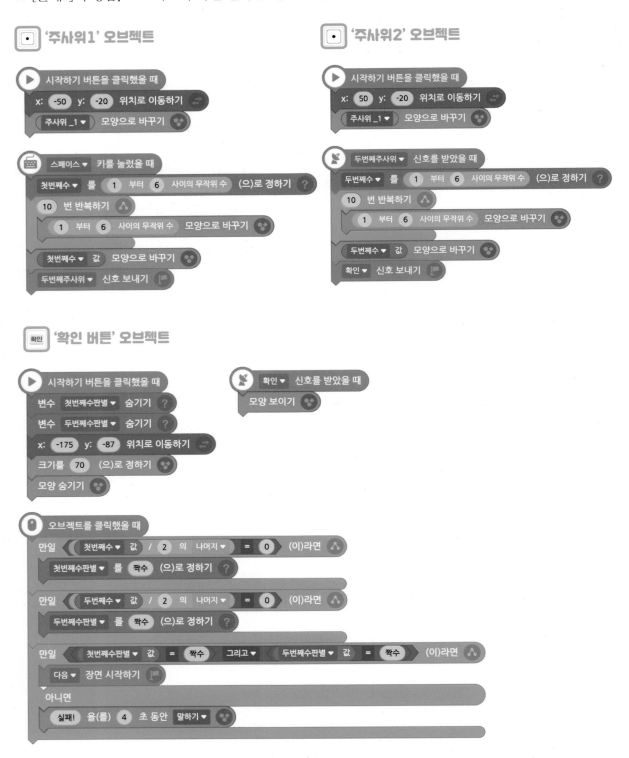

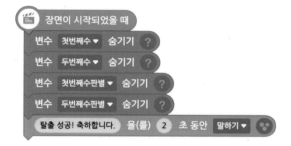

🐿 '다람쥐' 오브젝트

▶ 시작하기 버튼을 클릭했을 때
x: 170 y: -50 위치로 이동하기 ⟳
둘 다 짝수이면 탈출 성공! 스페이스키 누르세요. 을(를) 2 초 동안 말하기 ▼ 💬

📡 확인 ▼ 신호를 받았을 때
확인버튼을 눌러 결과를 확인하세요. 을(를) 2 초 동안 말하기 ▼ 💬

🎞 '들판' 배경(장면2)

🎬 장면이 시작되었을 때
변수 첫번째수 ▼ 숨기기 ?
변수 두번째수 ▼ 숨기기 ?
변수 첫번째수판별 ▼ 숨기기 ?
변수 두번째수판별 ▼ 숨기기 ?
탈출 성공! 축하합니다. 을(를) 2 초 동안 말하기 ▼ 💬

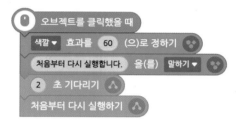

🖱 오브젝트를 클릭했을 때
색깔 ▼ 효과를 60 (으)로 정하기 💬
처음부터 다시 실행합니다. 을(를) 말하기 ▼ 💬
2 초 기다리기 ∧
처음부터 다시 실행하기 ∧

━━━━━━━━━━━━━━━━━━━━━━━━━━━━━━━━━━━━━ why

- 주사위1 (ㄱ) : '주사위1'이 '10'번 반복해 모양을 바꾸기 합니다.
- 확인버튼 (ㄴ) : 주사위 둘다 짝수로 나온 경우가 아니면 '실패!'라고 말합니다.
- 다람쥐 (ㄷ) : '다람쥐'가 결과를 확인안내 방법을 '2' 초 동안 말하기 합니다.

2급 기출 유형 문제 4회

날짜는 1씩 증가하고 25 보다 크면 모두 멈춘다. 스페이스키를 누르면 물통이 나타나 물을 뿌리고 성장도가 증가하며 식물이 커진다. 식물은 날짜에 따라 식물의 한 살이 과정을 모양을 바꾸며 보여준다. 체크 버튼을 클릭하면 장면이 바뀌고, 바뀐 장면을 클릭하면 처음 장면으로 되돌아간다.

  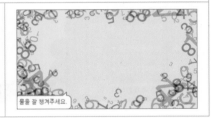

문제 1 다음 [처리조건]에 따라 배경 및 개체를 설정하시오. (10점)

▶ **배경 설정하기**

처리조건	배경	
① '장면1'에 '잔디 언덕(2)' 배경을 불러오기 　　– 이름을 **'잔디 언덕'**으로 변경하기 ② '장면2'에 '숫자나라' 배경을 불러오기 　　– 이름 **변경 없음**	① 잔디 언덕(2) 	② 숫자나라

▶ 개체 설정하기 (오브젝트는 순서대로 불러올 것)

처리조건	오브젝트	
① '햇님' 오브젝트를 불러오기 　 – 이름 **변경 없음** ② '식물의 한살이' 오브젝트를 불러오기 　 – 이름을 **'식물'**로 변경하기 ③ '물통' 오브젝트를 불러오기 　 – 이름 **변경 없음** ④ '체크박스' 오브젝트를 불러오기 　 – 이름을 **'체크버튼'**으로 변경하기 ※ 기존의 '엔트리봇' 오브젝트는 삭제한다.	① 햇님	② 식물의 한살이
	③ 물통	④ 체크박스

▶ '햇님' 오브젝트

☀	시작하면 '햇님'은 화면 왼쪽 아래에 위치하고 떠오른 후 오른쪽 아래로 이동한 후, '날짜'가 '1' 증가한다. '날짜'가 '25' 보다 크면, 모두 멈춘다.

처리조건	주요블록
① '날짜' 변수 만들기 (변수 기본 값은 '0', '모든 오브젝트에 사용' 설정하기) ② 시작하기 버튼을 클릭했을 때 　• 날짜를 '0'으로 정하기 　• 계속 반복하기 　　– 만일 '날짜' 값 > '(ㄱ)' 라면 　　└ 모양 숨기기 　　└ '모든' 코드 멈추기 ③ 시작하기 버튼을 클릭했을 때 　• 계속 반복하기 　　– x: '–150', y: '–20' 위치로 이동하기 　　– 크기를 '30'으로 정하기 　　– 모양 보이기 　　– '0.1' 초 동안 x: '–50', y: '–15' 위치로 이동하기 　　– '0.2' 초 동안 x: '0', y: '30' 위치로 이동하기 　　– '0.3' 초 동안 x: '50', y: '30' 위치로 이동하기 　　– '0.2' 초 동안 x: '100', y: '15' 위치로 이동하기 　　– 크기를 '50'으로 정하기 　　– '0.3' 초 동안 x: '150', y: '–20' 위치로 이동하기 　　– 모양 숨기기 　　– '날짜'에 '1' 만큼 더하기	

▶ '식물' 오브젝트

시작되면 '식물'은 '식물의한살이_1' 모양이다. '날짜'가 '5'의 배수가 될 때마다 '다음' 모양으로 바꾼다. 크기는 '성장도' 값에 따라 계속 정한다.

처리조건	주요블록

① '성장도' 변수 만들기
(변수 기본 값은 '0', '모든 오브젝트에 사용' 설정하기)
② 시작하기 버튼을 클릭했을 때
  • '식물의한살이_1' 모양으로 바꾸기
  • '씨앗심기'를 '2' 초 동안 '말하기'
  • y좌표를 '-50' 만큼 바꾸기
  • 모양 숨기기
  • 계속 반복하기
    – 만일 '날짜'값 / '(ㄴ)' 의 나머지 = '0' 이라면
      └ 모양 보이기
      └ '다음' 모양으로 바꾸기
      └ '2' 초 기다리기
③ 시작하기 버튼을 클릭했을 때
  • 계속 반복하기
    – 크기를 '성장도' 값으로 정하기
	(0 = 0)
	(0 / 0 의 몫 ▼)
	모양 숨기기
	모양 보이기
	크기를 0 (으)로 정하기
	다음 ▼ 모양으로 바꾸기
	엔트리봇_걷기1 ▼ 모양으로 바꾸기

▶ '물통' 오브젝트

시작되면 '성장도'는 100이다. '물통'은 보이지 않다가 '스페이스' 키를 눌렀을 때 보이며 물을 준 후 모양을 숨긴다. 물을 줄 때마다 '성장도'를 '10' 만큼 더한다.

처리조건	주요블록

① 시작하기 버튼을 클릭했을 때
   • '성장도'를 '100'으로 정하기
   • 모양 숨기기
   • x: '−50', y: '40' 위치로 이동하기
② '스페이스' 키를 눌렀을 때
   • 모양 보이기
   • '물통' 모양으로 바꾸기
   • '1' 초 기다리기
   • '물주는물통' 모양으로 바꾸기
   • '1' 초 기다리기
   • 모양 숨기기
   • '성장도'에 '(ㄷ)' 만큼 더하기
	모양 숨기기
	
	모양 보이기
	
	변수 ▼ 를 0 (으)로 정하기
	
	변수 ▼ 에 0 만큼 더하기
	
	q ▼ 키를 눌렀을 때

▶ '체크버튼' 오브젝트

'체크버튼'을 클릭했을 때 '식물의 한살이 완료'라고 말한 후, '다음' 장면을 시작한다.

처리조건	주요블록

① 시작하기 버튼을 클릭했을 때
   • 크기를 '70'으로 정한다.
   • x: '−180', y: '−100' 위치로 이동하기
② 오브젝트를 클릭했을 때
   • '식물의 한살이 완료'를 '1' 초 동안 '말하기'
   • '다음' 장면 시작하기
	안녕! 을(를) 0 초 동안 말하기 ▼
	
	다음 ▼ 장면 시작하기
	
	오브젝트를 클릭했을 때

▶ '숫자나라' 배경

'체크버튼'을 클릭했을 때, '장면2'가 시작된다.
변수들은 숨기기하고, 물을 잘 챙겨주면 식물이 잘 자란다고 말한다.

처리조건	주요블록
◎ 장면이 시작되었을 때 　• '날짜' 숨기기 　• '성장도' 숨기기 　• '물을 잘 챙겨주세요.'를 '2' 초 동안 '말하기' 　• '식물이 잘 자라요.'를 '2' 초 동안 '말하기'	장면이 시작되었을 때 변수 변수▼ 숨기기 ?

문제 3　[주요블록]을 모두 사용하여 [처리조건]에 따라 프로젝트를 개선하시오. (10점)

▶ '숫자나라' 배경

'장면 2'에서 '숫자나라' 배경을 클릭하면
처음부터 다시 실행하도록 프로젝트를 개선하려고 한다.

처리조건	주요블록
◎ 오브젝트를 클릭했을 때 　• '색깔' 효과를 '50'으로 정하기 　• '처음부터 다시 실행합니다.' 를 '2' 초 동안 '말하기' 　• 처음부터 다시 실행하기	오브젝트를 클릭했을 때 색깔▼ 효과를 0 (으)로 정하기 처음부터 다시 실행하기

※ [문제1]의 정답, 오브젝트 추가된 결과는 배포된 정답 파일에서 확인합니다.

⬢ '햇님' 오브젝트

▶ 시작하기 버튼을 클릭했을 때
날짜 ▼ 를 0 (으)로 정하기 ?
계속 반복하기 ∧
　만일 < 날짜 ▼ 값 > 25 > (이)라면 ∧
　　모양 숨기기 ❂
　　모든 ▼ 코드 멈추기 ∧

▶ 시작하기 버튼을 클릭했을 때
계속 반복하기 ∧
　x: -150 y: -20 위치로 이동하기 ↔
　크기를 30 (으)로 정하기 ❂
　모양 보이기 ❂
　0.1 초 동안 x: -50 y: 15 위치로 이동하기 ↔
　0.2 초 동안 x: 0 y: 30 위치로 이동하기 ↔
　0.3 초 동안 x: 50 y: 30 위치로 이동하기 ↔
　0.2 초 동안 x: 100 y: 15 위치로 이동하기 ↔
　크기를 50 (으)로 정하기 ❂
　0.3 초 동안 x: 150 y: -20 위치로 이동하기 ↔
　모양 숨기기 ❂
　날짜 ▼ 에 1 만큼 더하기 ?

⬤ '식물' 오브젝트

▶ 시작하기 버튼을 클릭했을 때
식물의 한살이_1 ▼ 모양으로 바꾸기 ❂
씨앗심기 을(를) 2 초 동안 말하기 ▼ ❂
y 좌표를 -50 만큼 바꾸기 ↔
모양 숨기기 ❂
계속 반복하기 ∧
　만일 < 날짜 ▼ 값 / 5 의 나머지 ▼ = 0 > (이)라면 ∧
　　모양 보이기 ❂
　　다음 ▼ 모양으로 바꾸기 ❂
　　2 초 기다리기 ∧

▶ 시작하기 버튼을 클릭했을 때
계속 반복하기 ∧
　크기를 성장도 ▼ 값 (으)로 정하기 ❂

🛁 '물통' 오브젝트

▶ 시작하기 버튼을 클릭했을 때
성장도 ▼ 를 100 (으)로 정하기 ?
모양 숨기기 ⚙
x: -50 y: 40 위치로 이동하기 ↔

⌨ 스페이스 ▼ 키를 눌렀을 때
모양 보이기 ⚙
물통 ▼ 모양으로 바꾸기 ⚙
1 초 기다리기 ⏱
물주는물통 ▼ 모양으로 바꾸기 ⚙
1 초 기다리기 ⏱
모양 숨기기 ⚙
성장도 ▼ 에 10 만큼 더하기 ?

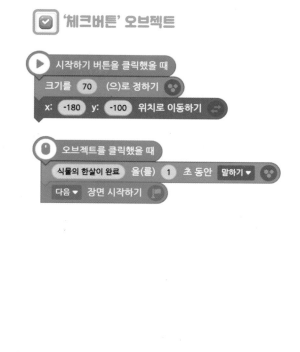

☑ '체크버튼' 오브젝트

▶ 시작하기 버튼을 클릭했을 때
크기를 70 (으)로 정하기 ⚙
x: -180 y: -100 위치로 이동하기 ↔

🖱 오브젝트를 클릭했을 때
식물의 한살이 완료 을(를) 1 초 동안 말하기 ▼ ⚙
다음 ▼ 장면 시작하기 🎬

🖼 '숫자나라' 배경(장면2)

🎬 장면이 시작되었을 때
변수 날짜 ▼ 숨기기 ?
변수 성장도 ▼ 숨기기 ?
물을 잘 챙겨주세요. 을(를) 2 초 동안 말하기 ▼ ⚙
식물이 잘 자라요. 을(를) 2 초 동안 말하기 ▼ ⚙

🖱 오브젝트를 클릭했을 때
색깔 ▼ 효과를 50 (으)로 정하기 ⚙
처음부터 다시 실행합니다. 을(를) 2 초 동안 말하기 ▼ ⚙
처음부터 다시 실행하기 ⏱

---

why

- 햇님 (ㄱ) : '햇님'이 '25'번 반복해 '날짜' 변수값을 증가시킵니다.
- 식물 (ㄴ) : '5'로 나눈 나머지 값이 '0'인 경우 '5'의 배수인 수입니다.
- 체크버튼 (ㄷ) : '성장도'를 키우기 위해 값을 '10' 만큼 더하기 하여 크게 합니다.

프로젝트 설명

시작되면 비 내리는 계곡 건너편에 강아지가 위치 해 있고, 스페이스 키를 눌렀을 때 사용자가 입력한 값에 따라 밧줄의 던져진 위치가 정해진다. 밧줄이 강아지에 닿아 강아지가 강을 건너 사람에게 오거나, 밧줄을 다 쓴 경우 장면이 바뀌고, 바뀐 장면을 클릭하면 처음 장면으로 되돌아간다.

문제 1 다음 [처리조건]에 따라 배경 및 개체를 설정하시오. (10점)

▶ **배경 설정하기**

처리조건	배경	
① '장면1'에 '골짜기' 배경을 불러오기 　　– 이름 **변경 없음** ② '장면2'에 '계곡' 배경을 불러오기 　　– 이름 **변경 없음**	① 골짜기	② 계곡

▶ 개체 설정하기 (오브젝트는 순서대로 불러올 것)

처리조건	오브젝트	

① '만세하는 사람(1)' 오브젝트를 불러오기
  – 이름을 **'사람'**으로 변경하기
② '똥강아지' 오브젝트를 불러오기
  – 이름을 **'강아지'**로 변경하기
③ '밧줄' 오브젝트를 불러오기
  – 이름 **변경 없음**
④ '비(2)' 오브젝트를 불러오기
  – 이름을 **'비'**로 변경하기
※ 기존의 '엔트리봇' 오브젝트는 삭제한다.
	① 만세하는 사람(1)	② 똥강아지

	③ 밧줄	④ 비(2)

문제 2   [주요블록]을 모두 사용하여 [처리조건]에 따라 개체를 코딩하시오. (80점)

▶ '사람' 오브젝트

	시작하면 '사람은'은 화면 강 왼쪽에 위치 한다. '사람은'은 팔을 올렸다 내렸다 반복한 후 '강아지야 구해줄게!'라고 '1' 초 동안 말한다.

처리조건	주요블록

① 시작하기 버튼을 클릭했을 때
  • x: '–194', y: '–32' 위치로 이동하기
  • '4'번 반복하기
    – '다음' 모양으로 바꾸기
    – '0.2' 초 기다리기
  • '강아지야 구해줄게!'를 '(ㄱ)' 초 동안 '말하기'
	▶ 시작하기 버튼을 클릭했을 때
	
	다음 ▾ 모양으로 바꾸기
	
	안녕! 을(를) 0 초 동안 말하기 ▾

▶ '강아지' 오브젝트

 시작하면 '강아지'는 강 오른쪽에 있다가, 밧줄을 던지면 y좌표를 무작위 위치로 이동한다. 밧줄에 닿았을 때 밧줄 위치로 이동한 후 사람 위치로 이동한다.

처리조건	주요블록
① '성공' 신호 만들기 ② '던지기' 신호 만들기 ③ 시작하기 버튼을 클릭했을 때 　• 크기를 '60'으로 정하기 　• x: '80', y: '10' 위치로 이동하기 ④ '던지기' 신호를 받았을 때 　• x: '80', y: '−100'부터 '50' 사이의 무작위 수 　　위치로 이동하기 ⑤ '성공' 신호를 받았을 때 　• '1' 초 동안 '밧줄' 위치로 이동하기 　• '1' 초 동안 '사람' 위치로 이동하기	0 부터 0 사이의 무작위 수 대상 없음 ▼ 신호를 받았을 때 x: 0 y: 0 위치로 이동하기 0 초 동안 x: 0 y: 0 위치로 이동하기

'밧줄' 오브젝트

시작되면 '밧줄수'는 무작위 수로 정해진다. '밧줄수' 만큼 던질 수 있으며, 밧줄이 '0' 이하가 되면 '다음' 장면을 시작한다. 사용자가 입력한 값에 따라 밧줄이 던져지는 위치가 정해지며, 밧줄이 강아지에 닿으면 '성공' 신호를 보낸 후 '다음' 장면을 시작한다.

처리조건	주요블록
① '밧줄수' 변수 만들기(변수 기본 값은 '0', '모든 오브젝트에 사용' 설정하기) ② 시작하기 버튼을 클릭했을 때 　• 모양 숨기기 　• 크기를 '130'으로 정하기 　• '밧줄수'를 '1'부터 '5' 사이의 무작위 수로 정하기 ③ '스페이스' 키를 눌렀을 때 　• 만일 '밧줄수' 값 > '(ㄴ)'이라면 　　– 방향을 '0도'로 정하기 　　– '사람' 위치로 이동하기 　　– 모양 보이기 　　– '10~15 입력'을 묻고 대답 기다리기 　　– '던지기' 신호 보내기 　• 아니면 　　– '밧줄 없음'을 '2' 초 동안 '말하기' 　　– '다음' 장면 시작하기 ④ '던지기' 신호를 받았을 때 　• '대답'번 반복하기 　　– x좌표를 '17' 만큼 바꾸기 　　– 방향을 '1'부터 '9' 사이의 무작위 수 만큼 회전하기 　• 만일 '강아지에 닿았는가' 라면 　　– '성공' 신호 보내기 　　– '1' 초 기다리기 　　– '구해서 다행이야!'를 '2' 초 동안 '말하기' 　　– '다음' 장면 시작하기 　• 아니면 　　– '1' 초 기다리기 　• 모양 숨기기 　• '밧줄수'에 '–1' 만큼 더하기	

▶ '비' 오브젝트

	시작되면 '비'는 크기 '400', 투명도 효과 '80'이다. 계속 반복해서 왼쪽 아래로 사선으로 떨어진다.

처리조건	주요블록
① 시작하기 버튼을 클릭했을 때 　• 크기를 '(ㄷ)'으로 정하기 　• '투명도' 효과를 '80'으로 정하기 　• 계속 반복하기 　　– x: '−200'부터 '200' 사이의 무작위수, y: '100' 위치로 이동하기 　　– 방향을 '15도'로 정하기 　　– 이동 방향을 '195도'로 정하기 　　– '5'번 반복하기 　　　└ 이동 방향으로 '50' 만큼 움직이기 　　　└ '0.1' 초 기다리기	

▶ '계곡' 배경

	'밧줄'을 다 던져서 없거나, 강아지 구하기를 성공하면 '장면2'가 시작된다. 장면2가 시작되었을 때 변수와 대답을 숨기기하고, '무사히 도착'을 말하기 한다.

처리조건	주요블록
◎ 장면이 시작되었을 때 　• '밧줄수' 숨기기 　• '대답' 숨기기 　• '계곡물이 넘치고 있어!'를 '2' 초 동안 '말하기'	

[주요블록]을 모두 사용하여 [처리조건]에 따라 프로젝트를 개선하시오. (10점)

▶ '계곡' 배경

 '장면 2'에서 '계곡' 배경을 클릭하면
처음부터 다시 실행하도록 프로젝트를 개선하려고 한다.

처리조건	주요블록
◎ 오브젝트를 클릭했을 때 • '색깔' 효과를 '50' 만큼 주기 • '처음부터 다시 실행합니다.' 를 '말하기' • '2' 초 기다리기 • 처음부터 다시 실행하기	오브젝트를 클릭했을 때 색깔 ▾ 효과를 0 만큼 주기 처음부터 다시 실행하기

정답

※ [문제1]의 정답, 오브젝트 추가된 결과는 배포된 정답 파일에서 확인합니다.

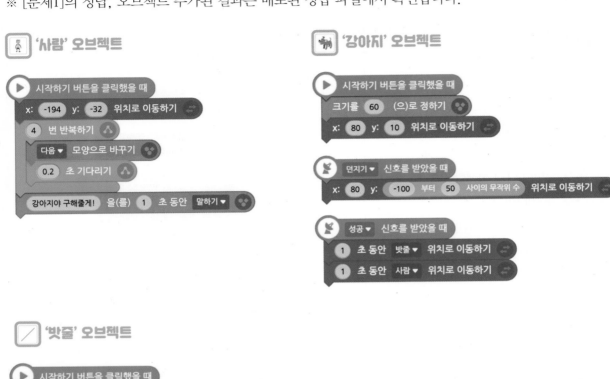

👤 '사람' 오브젝트

- 시작하기 버튼을 클릭했을 때
  - x: -194 y: -32 위치로 이동하기
  - 4 번 반복하기
    - 다음 ▼ 모양으로 바꾸기
    - 0.2 초 기다리기
  - 강아지야 구해줄게! 을(를) 1 초 동안 말하기 ▼

🐕 '강아지' 오브젝트

- 시작하기 버튼을 클릭했을 때
  - 크기를 60 (으)로 정하기
  - x: 80 y: 10 위치로 이동하기

- 던지기 ▼ 신호를 받았을 때
  - x: 80 y: -100 부터 50 사이의 무작위 수 위치로 이동하기

- 성공 ▼ 신호를 받았을 때
  - 1 초 동안 밧줄 ▼ 위치로 이동하기
  - 1 초 동안 사람 ▼ 위치로 이동하기

╱ '밧줄' 오브젝트

- 시작하기 버튼을 클릭했을 때
  - 모양 숨기기
  - 크기를 130 (으)로 정하기
  - 밧줄수 ▼ 를 1 부터 5 사이의 무작위 수 (으)로 정하기

- 스페이스 ▼ 키를 눌렀을 때
  - 만일 〈 밧줄수 ▼ 값 > 0 〉 (이)라면
    - 방향을 0˚ (으)로 정하기
    - 사람 ▼ 위치로 이동하기
    - 모양 보이기
    - 10~15 입력 을(를) 묻고 대답 기다리기
    - 던지기 ▼ 신호 보내기
  - 아니면
    - 밧줄 없음 을(를) 2 초 동안 말하기 ▼
    - 다음 ▼ 장면 시작하기

☐ '비' 오브젝트

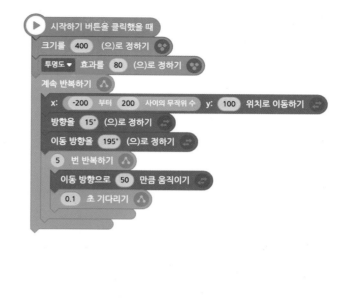

```
던지기 ▼ 신호를 받았을 때
  대답 번 반복하기
    x 좌표를 17 만큼 바꾸기
    방향을 1 부터 9 사이의 무작위 수 만큼 회전하기
  만일   강아지 ▼ 에 닿았는가? (이)라면
    성공 ▼ 신호 보내기
    1 초 기다리기
    구해서 다행이야! 을(를) 2 초 동안 말하기 ▼
    다음 ▼ 장면 시작하기
  아니면
    1 초 기다리기
  모양 숨기기
  빗줄수 ▼ 에 -1 만큼 더하기
```

```
시작하기 버튼을 클릭했을 때
  크기를 400 (으)로 정하기
  투명도 ▼ 효과를 80 (으)로 정하기
  계속 반복하기
    x: -200 부터 200 사이의 무작위 수 y: 100 위치로 이동하기
    방향을 15° (으)로 정하기
    이동 방향을 195° (으)로 정하기
    5 번 반복하기
      이동 방향으로 50 만큼 움직이기
      0.1 초 기다리기
```

'계곡' 배경(장면2)

```
장면이 시작되었을 때
  변수 빗줄수 ▼ 숨기기
  대답 숨기기 ▼
  계곡물이 넘치고 있어! 을(를) 2 초 동안 말하기 ▼
```

```
오브젝트를 클릭했을 때
  색깔 ▼ 효과를 50 만큼 주기
  처음부터 다시 실행합니다. 을(를) 말하기 ▼
  2 초 기다리기
  처음부터 다시 실행하기
```

━━━━━━━━━━━━━━━━━━━━━━━━━━━━━━━━━ why

- 사람 (ㄱ) : '사람'이 강아지에게 구해주겠다고 '1' 초 동안 말하기 합니다.
- 빗물 (ㄴ) : '빗줄수'가 '0'보다 크지 않으면, '빗줄없음' 말한 후 '다음' 장면을 시작합니다.
- 비 (ㄷ) : '비'의 크기를 '400'으로 정합니다.

2급 기출 유형 문제 6회

선생님이 지진 발생 안내하면 책상 아래로 대한다. 액자는 지진이 시작하면 잠시 후 바닥으로 떨어진다. 선생님이 안전한 곳으로 이동하라고 안내하면 일어난 후, 장면이 바뀐다. 바뀐 장면을 클릭하면 처음 장면으로 되돌아간다.

문제 1 다음 [처리조건]에 따라 배경 및 개체를 설정하시오. (10점)

▶ **배경 설정하기**

처리조건	배경	

① '장면1'에 '교실(2)' 배경을 불러오기
    – 이름을 **교실**로 변경하기
 ② '장면2'에 '운동장' 배경을 불러오기
    – 이름 **변경 없음**
	① 교실(2)	② 운동장

▶ 개체 설정하기 (오브젝트는 순서대로 불러올 것)

처리조건	오브젝트	
① '게시판_2' 오브젝트를 불러오기 　– 이름을 **'게시판'**으로 변경하기 ② '선생님(1)' 오브젝트를 불러오기 　– 이름을 **'선생님'**로 변경하기 ③ '책상' 오브젝트를 불러오기 　– 이름 **변경 없음** ④ '[묶음] 걷기 뒷모습' 오브젝트를 불러오기 　– 이름을 **'뒷모습'**으로 변경하기 ※ 기존의 '엔트리봇' 오브젝트는 삭제한다.	① 게시판_2 ② 선생님(1)	
	③ 책상 ④ [묶음] 걷기 뒷모습	

[주요블록]을 모두 사용하여 [처리조건]에 따라 개체를 코딩하시오. (80점)

▶ '게시판' 오브젝트

	시작하면 잠시 후, '게시판'은 바닥으로 떨어진다.

처리조건	주요블록
① 시작하기 버튼을 클릭했을 때 　• x: '180', y: '50' 위치로 이동하기 ② '스페이스' 키를 눌렀을 때 　• '0.5' 초 기다리기 　• '6'번 반복하기 　　– 방향을 '10도' 만큼 회전하기 　　– x좌표를 '–10' 만큼 바꾸기 　　– y좌표를 '–15' 만큼 바꾸기	시작하기 버튼을 클릭했을 때 q▼ 키를 눌렀을 때 x 좌표를 0 만큼 바꾸기 y 좌표를 0 만큼 바꾸기 0 번 반복하기

'선생님' 오브젝트

'스페이스' 키를 눌렀을 때 지진이 발생되고, '선생님'은 지진이 발생되었다고 안내한다. '선생님'은 좌우로 흔들리는 것이 줄어든다. '흔들림' 값이 '0'이 된 후, 야외로 대피하라고 안내한다.

처리조건	주요블록
① '흔들림' 변수 만들기 　(변수 기본 값은 '0', '모든 오브젝트에 사용' 설정하기) ② '지진발생' 신호 만들기 ③ '야외대피' 신호 만들기 ④ 시작하기 버튼을 클릭했을 때 　• '흔들림'을 '0'으로 정하기 　• 크기를 '130'으로 정하기 　• x: '−80', y: '0' 위치로 이동하기 ⑤ '스페이스' 키를 눌렀을 때 　• '흔들림'을 '10' 부터 '20' 사이의 무작위 수로 정하기 　• '지진발생' 신호 보내기 　• '지진이 발생! 책상 아래로 대피!'를 '2' 초 동안 '말하기' ⑥ '지진발생' 신호를 받았을 때 　• '흔들림' 값 = '(ㄱ)' 이 될 때까지' 반복하기 　　− x좌표를 '흔들림' 값 x '1.5' 만큼 바꾸기 　　− '0.2' 초 기다리기 　　− x좌표를 '흔들림' 값 x '−1.5' 만큼 바꾸기 　　− '0.2' 초 기다리기 　　− '흔들림'에 '−1' 만큼 더하기 　• '안전한 곳으로 이동합시다'를 '3' 초 동안 '말하기' 　• '야외대피' 신호 보내기	x: 0 y: 0 위치로 이동하기 x 좌표를 0 만큼 바꾸기 참 이 될 때까지 ▼ 반복하기 변수 ▼ 값 변수 ▼ 에 0 만큼 더하기 ? 변수 ▼ 를 0 (으)로 정하기 ? 대상 없음 ▼ 신호를 받았을 때 대상 없음 ▼ 신호 보내기

▶ '책상' 오브젝트

	시작되면 '책상'은 '150' 간격으로 복제본을 '3'개 만든다. 원본은 숨기고, 복제본이 보인다.

처리조건	주요블록

① 시작하기 버튼을 클릭했을 때
 • 크기를 '150'으로 정하기
 • x: '−170', y: '−130' 위치로 이동하기
 • 모양 숨기기
 • '(ㄴ)'번 반복하기
     − '자신'의 복제본 만들기
     − x좌표를 '150' 만큼 바꾸기
 ② 복제본이 처음 생성되었을때
 • 모양 보이기
	`0 번 반복하기`
	
	 `모양 보이기`
	
	 `모양 숨기기`
	
	 `자신 ▼ 의 복제본 만들기`
	
	 `복제본이 처음 생성되었을때`

▶ '뒷모습' 오브젝트

 '뒷모습'은 색을 바꾸며 x좌표 '150' 간격으로 '3'개의 복제본을 만들고 원본은 숨긴다. 복제본들은 '지진발생' 신호를 받았을 때 책상 밑에 숨은 채 흔들리다가, '야외대피' 신호를 받았을 때 일어난다.

처리조건	주요블록
① 시작하기 버튼을 클릭했을 때 　• x: '−170', y: '−130' 위치로 이동하기 　• 크기를 '120'으로 정하기 　• 모양 숨기기 　• '3'번 반복하기 　　− '자신'의 복제본 만들기 　　− '색깔' 효과를 '10' 만큼 주기 　　− x좌표를 '[ㄷ]' 만큼 바꾸기 ② 복제본이 처음 생성되었을때 　• 모양 보이기 ③ '지진발생' 신호를 받았을 때 　• y좌표를 '−50' 만큼 바꾸기 　• 계속 반복하기 　　− x좌표를 '흔들림' 값 x '1.2' 만큼 바꾸기 　　− '0.2' 초 기다리기 　　− x좌표를 '흔들림' 값 x '−1.2' 만큼 바꾸기 　　− '0.2' 초 기다리기 ④ '야외대피' 신호를 받았을 때 　• '18'번 반복하기 　　− y좌표를 '5' 만큼 바꾸기 　　− '0.1' 초 기다리기 　• '다음' 장면 시작하기	대상 없음 ▼ 신호를 받았을 때 모양 보이기 모양 숨기기 자신 ▼ 의 복제본 만들기 복제본이 처음 생성되었을때 x 좌표를 0 만큼 바꾸기 y 좌표를 0 만큼 바꾸기 다음 ▼ 장면 시작하기

	'장면2'가 시작되면 변수들은 숨기기하고, '여진 멈춤. 교실로 들어갑시다.'를 2초 동안 말하기 한다.

처리조건	주요블록
◎ 장면이 시작되었을 때 　• '흔들림' 숨기기 　• '여진 멈춤. 교실로 들어갑시다.'를 '2' 초 동안 '말하기'	장면이 시작되었을 때 변수　변수▼　숨기기　?

문제 3　[주요블록]을 모두 사용하여 [처리조건]에 따라 프로젝트를 개선하시오. (10점)

▶ '운동장' 배경

	'장면 2'에서 '운동장' 배경을 클릭하면 처음부터 다시 실행하도록 프로젝트를 개선하려고 한다.

처리조건	주요블록
◎ 오브젝트를 클릭했을 때 　• '색깔' 효과를 '10'으로 정하기 　• '처음부터 다시 실행합니다.'를 '2' 초 동안 '말하기' 　• 처음부터 다시 실행하기	오브젝트를 클릭했을 때 색깔▼　효과를　0　(으)로 정하기　✹ 처음부터 다시 실행하기　↻

※ [문제1]의 정답, 오브젝트 추가된 결과는 배포된 정답 파일에서 확인합니다.

'게시판' 오브젝트

'선생님' 오브젝트

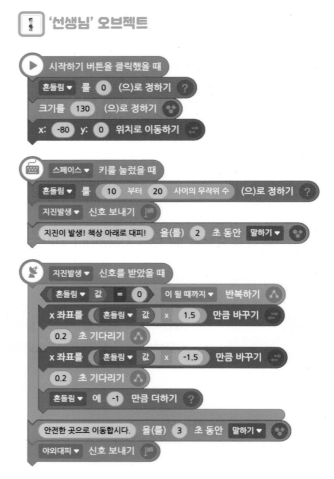

_____ why

- 선생님 (ㄱ) : '흔들림' 값이 반복해서 줄어들다가 '0'이 된 후, 다음 명령을 실행합니다.
- 책상 (ㄴ) : 복제하는 횟수를 '3'으로 정합니다.
- 뒷모습 (ㄷ) : 복제본들의 x좌표 간격을 '150'으로 정합니다.

🪑 '책상' 오브젝트

▶ 시작하기 버튼을 클릭했을 때
크기를 150 (으)로 정하기
x: -170 y: -130 위치로 이동하기
모양 숨기기
3 번 반복하기
　자신▼ 의 복제본 만들기
　x 좌표를 150 만큼 바꾸기

👤 복제본이 처음 생성되었을때
모양 보이기

🎗 '뒷모습' 오브젝트

▶ 시작하기 버튼을 클릭했을 때
x: -170 y: -130 위치로 이동하기
크기를 120 (으)로 정하기
모양 숨기기
3 번 반복하기
　자신▼ 의 복제본 만들기
　색깔▼ 효과를 10 만큼 주기
　x 좌표를 150 만큼 바꾸기

👤 복제본이 처음 생성되었을때
모양 보이기

📡 지진발생▼ 신호를 받았을 때
y 좌표를 -50 만큼 바꾸기
계속 반복하기
　x 좌표를 (흔들림▼ 값 x 1.2) 만큼 바꾸기
　0.2 초 기다리기
　x 좌표를 (흔들림▼ 값 x -1.2) 만큼 바꾸기
　0.2 초 기다리기

📡 야외대피▼ 신호를 받았을 때
18 번 반복하기
　y 좌표를 5 만큼 바꾸기
　0.1 초 기다리기
다음▼ 장면 시작하기

🏞 '운동장' 배경(장면2)

🎬 장면이 시작되었을 때
변수 흔들림▼ 숨기기
여진 멈춤. 교실로 들어갑시다. 을(를) 2 초 동안 말하기▼

🖱 오브젝트를 클릭했을 때
색깔▼ 효과를 10 (으)로 정하기
처음부터 다시 실행합니다. 을(를) 2 초 동안 말하기▼
처음부터 다시 실행하기

2급 기출 유형 문제 7회

프로젝트 설명

물고기는 뒤에서 좌우로 왔다갔다 한다. 잠수부는 돌고래나 고래 중 하나를 골라 불러낸다. 돌고래나 고래는 지시한 횟수만큼 재주넘기 한다. 잠수부는 잠시 후 수면 위로 올라가며, 장면이 바뀐다. 바뀐 장면을 클릭하면 처음 장면으로 되돌아간다.

문제 1 다음 [처리조건]에 따라 배경 및 개체를 설정하시오. (10점)

▶ **배경 설정하기**

처리조건	배경	
① '장면1'에 '바닷속(3)' 배경을 불러오기 　– 이름을 **'바닷속'**으로 변경하기 ② '장면2'에 '바다' 배경을 불러오기 　– 이름을 **'바다위'**로 변경하기	① 바닷속(3)	② 바다

▶ 개체 설정하기 (오브젝트는 순서대로 불러올 것)

처리조건	오브젝트	
① '주황 물고기' 오브젝트를 불러오기 　－ 이름을 **'물고기'**로 변경하기 ② '잠수부(1)' 오브젝트를 불러오기 　－ 이름을 **'잠수부'**로 변경하기 ③ '아기 돌고래' 오브젝트를 불러오기 　－ 이름을 **'돌고래'**로 변경하기 ④ '아기 고래' 오브젝트를 불러오기 　－ 이름을 **'고래'**로 변경하기 ※ 기존의 '엔트리봇' 오브젝트는 삭제한다.	① 주황 물고기	② 잠수부(1)
	③ 아기 돌고래	④ 아기 고래

문제 2 [주요블록]을 모두 사용하여 [처리조건]에 따라 개체를 코딩하시오. (80점)

▶ '물고기' 오브젝트

시작하면 '물고기'는 화면 왼쪽에서 화면 오른쪽으로 '1' 만큼 움직이는 것을 계속 반복한다.

처리조건	주요블록
① 시작하기 버튼을 클릭했을 때 　• x: '−200', y: '110' 위치로 이동하기 　• 크기를 '20'으로 정하기 　• 계속 반복하기 　　－ 이동 방향으로 '(ㄱ)' 만큼 움직이기 　　－ 만일 '오른쪽 벽'에 닿았는가 라면 　　　└ x좌표를 '−200' 위치로 이동하기	시작하기 버튼을 클릭했을 때 이동 방향으로 0 만큼 움직이기 크기를 0 (으)로 정하기 마우스포인터 ▼ 에 닿았는가?

'잠수부' 오브젝트

	'잠수부'는 고래나 돌고래 중 하나를 말하기 한다. '스페이스' 키를 눌렀을 때 무작위 수로 '재주 넘기' 횟수를 정하여 알려준 후, '5'초 후 수면으로 올라가면서 '다음' 장면으로 바뀐다.

처리조건	주요블록
① '누구' 변수 만들기 (변수 기본 값은 **'고래'**, '모든 오브젝트에 사용' 설정하기) ② **'재주넘기'** 변수 만들기 (변수 기본 값은 '0', '모든 오브젝트에 사용' 설정하기) ③ **'동물들'** 리스트 만들기 ④ **'대기'** 신호 만들기 ⑤ **'재주시작'** 신호 만들기 ⑥ 시작하기 버튼을 클릭했을 때 • '돌고래' 항목을 '동물들'에 추가하기 • '고래' 항목을 '동물들'에 추가하기 • 리스트 '동물들' 숨기기 • 크기를 '70'으로 정하기 • x: '−150', y: '−100' 위치로 이동하기 • '누구'를 '동물들'의 '1'부터 '2' 사이의 무작위 수 번째 항목으로 정하기 • '누구' 값을 '2' 초 동안 '말하기' • '대기' 신호 보내기 ⑦ '스페이스' 키를 눌렀을 때 • '재주넘기'를 '1'부터 '3' 사이의 무작위 수로 정하기 • '재주넘기'값을 '1' 초 동안 '말하기' • '재주시작' 신호 보내기 • '(ㄴ)' 초 기다리기 • '1' 초 동안 x좌표 '−150', y좌표 '100' 위치로 이동하기 • '다음' 장면 시작하기	

▶ '돌고래' 오브젝트

시작되면 돌고래는 보이지 않는다. '대기' 신호를 받았을 때 '누구' 값이 '돌고래'라면 화면 오른쪽에서 나타나 잠수부 위치로 이동한다.

처리조건	주요블록
① 시작하기 버튼을 클릭했을 때 　• 모양 숨기기 ② '대기' 신호를 받았을 때 　• 만일 '누구' 값 = '(ㄷ)'이라면 　　- x: '200', y: '100' 위치로 이동하기 　　- 모양 보이기 　　- '1' 초 동안 x좌표 '100', y좌표 '10' 위치로 이동하기 　　- '1' 초 동안 x좌표 '50', y좌표 '0' 위치로 이동하기	모양 보이기 모양 숨기기 x: 0 y: 0 위치로 이동하기 0 초 동안 x: 0 y: 0 위치로 이동하기 0 = 0 대상 없음 ▼ 신호를 받았을 때

▶ '고래' 오브젝트

시작되면 고래는 보이지 않는다. '대기' 신호를 받았을 때 '누구' 값이 '고래' 라면 화면 오른쪽에서 나타나 잠수부 위치로 이동한다.

처리조건	주요블록
① 시작하기 버튼을 클릭했을 때 　• 모양 숨기기 ② '대기' 신호를 받았을 때 　• 만일 '누구' 값 = '고래' 라면 　　- x: '200', y: '100' 위치로 이동하기 　　- 모양 보이기 　　- '1' 초 동안 x: '100', y: '10' 위치로 이동하기 　　- '1' 초 동안 x: '50', y: '0' 위치로 이동하기	모양 보이기 모양 숨기기 x: 0 y: 0 위치로 이동하기 0 초 동안 x: 0 y: 0 위치로 이동하기 0 = 0 대상 없음 ▼ 신호를 받았을 때

▶ '바다위' 배경

'잠수부가'가 수면 위로 올라가면 잠시 후 '장면2'가 시작된다.
변수들은 숨기기하고, '다시 잠수!'를 말하기 한다.

처리조건	주요블록
◎ 장면이 시작되었을 때 • '재주넘기' 숨기기 • '누구' 숨기기 • '다시 잠수!'를 '2' 초 동안 '말하기'	장면이 시작되었을 때 변수 변수 ▼ 숨기기 ?

문제 3 [주요블록]을 모두 사용하여 [처리조건]에 따라 프로젝트를 개선하시오. (10점)

▶ '바다위' 배경

'장면 2'에서 '바다위' 배경을 클릭하면
처음부터 다시 실행하도록 프로젝트를 개선하려고 한다.

처리조건	주요블록
◎ 오브젝트를 클릭했을 때 • '색깔' 효과를 '50'으로 정하기 • '처음부터 다시 실행합니다.' 를 '말하기' • '2' 초 기다리기 • 처음부터 다시 실행하기	오브젝트를 클릭했을 때 색깔 ▼ 효과를 0 (으)로 정하기 처음부터 다시 실행하기

※ [문제1]의 정답, 오브젝트 추가된 결과는 배포된 정답 파일에서 확인합니다.

● '물고기' 오브젝트

```
▶ 시작하기 버튼을 클릭했을 때
  x: -200  y: 110  위치로 이동하기
  크기를 20 (으)로 정하기
  계속 반복하기
    이동 방향으로 1 만큼 움직이기
    만일  오른쪽 벽 ▼ 에 닿았는가?  (이)라면
      x: -200 위치로 이동하기
```

● '잠수부' 오브젝트

```
▶ 시작하기 버튼을 클릭했을 때
  돌고래 항목을 동물들 ▼ 에 추가하기
  고래 항목을 동물들 ▼ 에 추가하기
  리스트 동물들 ▼ 숨기기
  크기를 70 (으)로 정하기
  x: -150  y: -100  위치로 이동하기
  누구 ▼ 를 동물들 ▼ 의 1 부터 2 사이의 무작위 수 번째 항목 (으)로 정하기
  누구 ▼ 값 을(를) 2 초 동안 말하기 ▼
  대기 ▼ 신호 보내기
```

```
⌨ 스페이스 ▼ 키를 눌렀을 때
  재주넘기 ▼ 를 1 부터 3 사이의 무작위 수 (으)로 정하기
  재주넘기 ▼ 값 을(를) 1 초 동안 말하기 ▼
  재주시작 ▼ 신호 보내기
  5 초 기다리기
  1 초 동안 x: -150  y: 100  위치로 이동하기
  다음 ▼ 장면 시작하기
```

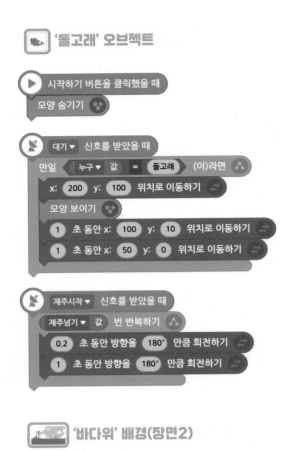

🐬 '돌고래' 오브젝트

▶ 시작하기 버튼을 클릭했을 때
모양 숨기기

📡 대기 ▾ 신호를 받았을 때
만일 〈 누구 ▾ 값 = 돌고래 〉 (이)라면
  x: 200 y: 100 위치로 이동하기
  모양 보이기
  1 초 동안 x: 100 y: 10 위치로 이동하기
  1 초 동안 x: 50 y: 0 위치로 이동하기

📡 재주시작 ▾ 신호를 받았을 때
재주넘기 ▾ 값 번 반복하기
  0.2 초 동안 방향을 180° 만큼 회전하기
  1 초 동안 방향을 180° 만큼 회전하기

🐋 '고래' 오브젝트

▶ 시작하기 버튼을 클릭했을 때
모양 숨기기

📡 대기 ▾ 신호를 받았을 때
만일 〈 누구 ▾ 값 = 고래 〉 (이)라면
  x: 200 y: 100 위치로 이동하기
  모양 보이기
  1 초 동안 x: 100 y: 10 위치로 이동하기
  1 초 동안 x: 50 y: 0 위치로 이동하기

📡 재주시작 ▾ 신호를 받았을 때
재주넘기 ▾ 값 번 반복하기
  0.5 초 동안 방향을 180° 만큼 회전하기
  1 초 동안 방향을 180° 만큼 회전하기

🎬 '바다위' 배경(장면2)

🎬 장면이 시작되었을 때
변수 재주넘기 ▾ 숨기기
변수 누구 ▾ 숨기기
다시 잠수! 을(를) 2 초 동안 말하기 ▾

🖱 오브젝트를 클릭했을 때
색깔 ▾ 효과를 2 (으)로 정하기
처음부터 다시 실행합니다. 을(를) 말하기 ▾
2 초 기다리기
처음부터 다시 실행하기

_____ why

- 물고기 (ㄱ) : '1' 만큼 씩 물고기가 오른쪽으로 천천히 이동합니다.
- 잠수부 (ㄴ) : '5' 초 기다린 후 잠수부가 수면위로 올라갑니다.
- 돌고래 (ㄷ) : '동물들' 리스트의 항목 중 무작위로 정해 '누구' 변수에 담은 값이 '돌고래'인 경우를 뜻합니다.

2급 기출 유형 문제 8회

프로젝트 설명

위쪽화살표 키와 아래쪽 화살표 키로 원숭이를 움직이고, 스페이스 키를 누를 때 물방울이 발사된다. 풍선을 맞추면 풍선이 사라지고 점수가 올라간다. 9점이 되면 장면이 바뀌고, 바뀐 장면을 클릭하면 처음 장면으로 되돌아간다.

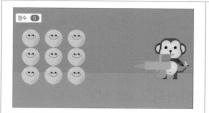 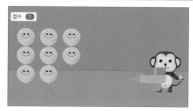 

문제 1   다음 [처리조건]에 따라 배경 및 개체를 설정하시오. (10점)

▶ **배경 설정하기**

처리조건	배경	
① '장면1'에 '[묶음] 액자 배경' 배경을 불러오기 　– 이름을 **'액자 배경'**으로 변경하기 ② '장면2'에 '생일파티' 배경을 불러오기 　– 이름 **변경 없음**	① [묶음] 액자 배경	② 생일파티 HAPPY BIRTHDAY

▶ 개체 설정하기 (오브젝트는 순서대로 불러올 것)

처리조건	오브젝트	
① '원숭이' 오브젝트를 불러오기 　– 이름 **변경 없음** ② '물총' 오브젝트를 불러오기 　– 이름 **변경 없음** ③ '풍선' 오브젝트를 불러오기 　– 이름 **변경 없음** ④ '물방울' 오브젝트를 불러오기 　– 이름 **변경 없음** ※ 기존의 '엔트리봇' 오브젝트는 삭제한다.	① 원숭이	② 물총
	③ 풍선	④ 물방울

문제 2　[주요블록]을 모두 사용하여 [처리조건]에 따라 개체를 코딩하시오. (80점)

▶ '원숭이' 오브젝트

 시작하면 '원숭이'는 화면 오른쪽에 위치한다.
'위쪽 화살표' 키를 눌렀을 때 위로, '아래쪽 화살표' 키를 눌렀을 때 아래로 이동한다.

처리조건	주요블록
① 시작하기 버튼을 클릭했을 때 　• x: '180', y: '0' 위치로 이동하기 ② '위쪽 화살표' 키를 눌렀을 때 　• y좌표를 '10' 만큼 바꾸기 ③ '아래쪽 화살표' 키를 눌렀을 때 　• y좌표를 '–10' 만큼 바꾸기	▶ 시작하기 버튼을 클릭했을 때 q ▼ 키를 눌렀을 때 y 좌표를 0 만큼 바꾸기

▶ '물총' 오브젝트

'물총'은 계속 반복해서 '원숭이' 위치로 이동하며, '원숭이'가 손에 들고 있는 모습이 되도록 x, y 좌표가 조정되어 위치한다.

처리조건	주요블록

① 시작하기 버튼을 클릭했을 때
• 크기를 '80'으로 정하기
• 계속 반복하기
  – '원숭이' 위치로 이동하기
  – x좌표를 '−50' 만큼 바꾸기
  – y좌표를 '−20' 만큼 바꾸기
	크기를 0 (으)로 정하기
	
	x 좌표를 0 만큼 바꾸기
	
	y 좌표를 0 만큼 바꾸기
	
	엔트리봇 ▾ 위치로 이동하기

▶ '풍선' 오브젝트

 시작되면 '풍선'은 '3'열 '3'행으로 복제되어 보인다. 복제본은 '물방울'에 닿을때까지 기다렸다가 터진 모양으로 바뀌며 점수를 1증가 시킨 후 모양을 숨긴다. '점수'가 9가 될 때까지 기다렸다가 '다음' 장면을 시작한다.

처리조건	주요블록
① '**점수**' 변수 만들기 　(변수 기본 값은 '0', '모든 오브젝트에 사용' 설 　정하기) ② 시작하기 버튼을 클릭했을 때 　• '점수'를 '0'으로 정하기 　• 모양 숨기기 　• 크기를 '50'으로 정하기 　• x: '-250', y: '50' 위치로 이동하기 　• '(ㄱ)'번 반복하기 　　- x좌표를 '60' 만큼 바꾸기 　　- y좌표 '50' 위치로 이동하기 　　- '(ㄴ)'번 반복하기 　　　└ '자신'의 복제본 만들기 　　　└ y좌표를 '-50' 만큼 바꾸기 ③ 시작하기 버튼을 클릭했을 때 　• '점수' 값 = '9' 가 될 때까지 기다리기 　• '다음' 장면 시작하기 ④ 복제본이 처음 생성되었을 때 　• 모양 보이기 　• '물방울에 닿았는가?' 가 될 때까지 기다리기 　• '풍선_터짐' 모양으로 바꾸기 　• '0.2' 초 기다리기 　• '점수'에 '1' 만큼 더하기 　• 이 복제본 삭제하기	변수 ▾ 값 변수 ▾ 를 0 (으)로 정하기 ? x 좌표를 0 만큼 바꾸기 y: 0 위치로 이동하기 0 번 반복하기 자신 ▾ 의 복제본 만들기 이 복제본 삭제하기 참 이(가) 될 때까지 기다리기 0 = 0 다음 ▾ 장면 시작하기

'물방울' 오브젝트

	'물방울'은 '물총' 위치에 있다가 '스페이스' 키를 눌렀을 때 왼쪽 벽에 닿을때까지 x좌표를 '−10' 만큼씩 계속 바꾸며 날아간다. 중간에 '풍선'에 닿으면 사라지며 '왼쪽 벽'에 닿은 후에도 사라진다.

처리조건	주요블록

① 시작하기 버튼을 클릭했을 때
• 방향을 '90도' 만큼 회전하기
• 크기를 '25'로 정하기
• 모양 숨기기
② '스페이스' 키를 눌렀을 때
• '물총' 위치로 이동하기
• 모양 보이기
• '왼쪽 벽에 닿았는가?' 될 때까지' 반복하기
  – x좌표를 '(ㄷ)' 만큼 바꾸기
  – 만일 '풍선'에 닿았는가? 라면
    └ '0.01' 초 기다리기
    └ 모양 숨기기
    └ '이' 코드 멈추기
• 모양 숨기기	

'생일파티' 배경

	'장면2'가 시작되면 변수는 숨기기하고, '한번 더?'를 말하기 한다.

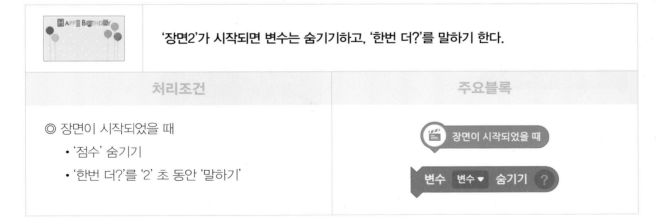

처리조건	주요블록
◎ 장면이 시작되었을 때 • '점수' 숨기기 • '한번 더?'를 '2' 초 동안 '말하기'	

▶ '생일파티' 배경

'장면 2'에서 '생일파티' 배경을 클릭하면
처음부터 다시 실행하도록 프로젝트를 개선하려고 한다.

처리조건	주요블록

◎ 오브젝트를 클릭했을 때
  • '10'번 반복하기
    – '색깔' 효과를 '5' 만큼 주기
    – '0.2' 초 기다리기
  • '처음부터 다시 실행합니다.'를 '말하기'
  • 처음부터 다시 실행하기
	오브젝트를 클릭했을 때
	
	처음부터 다시 실행하기 ⋀

정답 ....

※ [문제1]의 정답, 오브젝트 추가된 결과는 배포된 정답 파일에서 확인합니다.

👾 '원숭이' 오브젝트

🚁 '물총' 오브젝트

'풍선' 오브젝트

시작하기 버튼을 클릭했을 때
점수 ▼ 를 0 (으)로 정하기 ?
모양 숨기기
크기를 50 (으)로 정하기
x: -250 y: 50 위치로 이동하기
3 번 반복하기
　x 좌표를 60 만큼 바꾸기
　y: 50 위치로 이동하기
　3 번 반복하기
　　자신 ▼ 의 복제본 만들기
　　y 좌표를 -50 만큼 바꾸기

시작하기 버튼을 클릭했을 때
점수 ▼ 값 = 9 이(가) 될 때까지 기다리기
다음 ▼ 장면 시작하기

복제본이 처음 생성되었을때
모양 보이기
물방울 ▼ 에 닿았는가? 이(가) 될 때까지 기다리기
풍선_터짐 ▼ 모양으로 바꾸기
0.2 초 기다리기
점수 ▼ 에 1 만큼 더하기 ?
이 복제본 삭제하기

'물방울' 오브젝트

시작하기 버튼을 클릭했을 때
방향을 90° 만큼 회전하기
크기를 25 (으)로 정하기
모양 숨기기

스페이스 ▼ 키를 눌렀을 때
물총 ▼ 위치로 이동하기
모양 보이기
왼쪽 벽 ▼ 에 닿았는가? 이 될 때까지 ▼ 반복하기
　x 좌표를 -10 만큼 바꾸기
　만일 풍선 ▼ 에 닿았는가? (이)라면
　　0.01 초 기다리기
　　모양 숨기기
　　이 ▼ 코드 멈추기
모양 숨기기

'생일파티' 배경(장면2)

장면이 시작되었을 때
변수 점수 ▼ 숨기기 ?
한번 더? 을(를) 2 초 동안 말하기 ▼

오브젝트를 클릭했을 때
10 번 반복하기
　색깔 ▼ 효과를 5 만큼 주기
　0.2 초 기다리기
처음부터 다시 실행합니다. 을(를) 말하기 ▼
2 초 기다리기
처음부터 다시 실행하기

― why

- 풍선 (ㄱ), (ㄴ) : '3' 열 '3' 행으로 풍선이 복제 되어 나타납니다.
- 물방울 (ㄷ) : '물방울'이 '-10' 만큼씩 계속 x좌표를 바꾸어 날아갑니다.

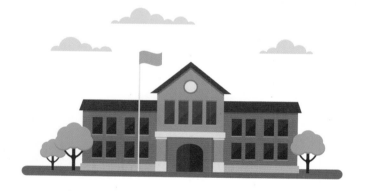

학습 가이드

한국정보통신진흥협회에서 시험문제로 홈페이지에 샘플 문제를 공개하고 있습니다. 이번 파트는 이렇게 공개된 샘플 문제 중 중요한 유형의 문제를 가져와 자세히 풀이해 줍니다. 시험에 응시하여 어떻게 문제를 해결하는지 확인하는 마음으로, 각 유형의 방법을 차근차근 따라 해 봅시다.

PART 05

3급
공개 문제
따라하기

공개 문제 따라하기 A형

- ⊙ 시험과목 : 코딩활용능력 3급 (엔트리)
- ⊙ 시험일자 : 2024. 00. 00
- ⊙ 시험시간 : 40분
- ⊙ 응시자 기재사항 및 감독위원 확인

▶ 합격강의

수 검 번 호	CAS – 2401 – ˙	감독위원 확인
성 명		

응시자 유의사항

1. 응시자는 신분증 또는 동등한 자격을 갖춘 증빙서류를 지참하여야 시험에 응시할 수 있으며, 시험이 종료될 때까지 신분증을 제시하지 못할 경우 해당 시험은 0점 처리됩니다.

2. 시스템(PC 작동 여부, 네트워크 상태 등)의 이상 여부를 반드시 확인하여야 하며, 시스템 이상이 있을 시 감독위원에게 조치를 받으셔야 합니다.

3. 시험 중 시스템 오류 또는 시스템 다운 증상에 대해서는 응시자 본인에게 책임이 있습니다.

4. 시험 중 부주의 또는 고의로 시스템을 파손한 경우는 응시자 부담으로 합니다.

5. 엔트리 버전은 최소 2.0.53 이상을 사용하여야 하며, 답안 전송 프로그램을 통하여 배포 받은 파일에 답안을 작성하시기 바랍니다. 감독위원의 지시에 따라 주시기 바랍니다.

6. 작성한 답안 파일은 답안 전송 프로그램을 통하여 자동으로 전송됩니다.

7. 다음 사항의 경우 실격(0점) 혹은 부정행위 처리됩니다.

　① 답안을 저장하지 않았거나, 저장한 파일이 손상되었을 경우

　② 답안 파일을 다른 보조 기억장치(USB) 혹은 네트워크(메신저, 게시판 등)로 전송할 경우

　③ 휴대용 전화기 등 일체의 통신장비를 사용할 경우

8. 시험을 완료한 응시자는 답안을 저장하고, 답안 파일이 전송되었는지 확인 후 감독위원의 지시에 따라 문제지를 제출한 후 퇴실하여야 합니다.

9. 시험시간이 종료된 이후에는 답안의 수정 또는 정정이 불가합니다.

10. 시험시행 후 결과는 홈페이지(www.ihd.or.kr)에서 확인하시기 바랍니다.

　① 문제 및 정답 공개 : 2024. 00. 00.

　② 합격자 발표 : 2024. 00. 00.

한 국 정 보 통 신 진 흥 협 회

- 각 문제의 정답은 다음과 같은 규칙으로 ENT 파일을 저장하시오.
  - 저장 위치 : 바탕 화면 〉 KAIT 〉 제출파일 폴더
  - 파일명 : CAS_수검번호_이름.ent
  ※ 예시 : 수검번호가 CAS-2401-0000000이고 수험자 이름이 홍길동인 경우
  "CAS_000000_홍길동.ent"로 저장할 것
- 수검 시 지문 순서대로 작업하며, 오브젝트 및 블록 등을 임의 추가 시 감점 처리됨
- [문제 2~3]은 블록코딩을 원칙으로 하며, 오브젝트 설정 창에서 설정 시 감점 처리됨

프로젝트 설명

병아리가 먹을 것을 찾고 있다. 모이와 돌멩이 중에 어떤 것을 먹어야 할까?
병아리가 모이를 먹으면 '냠냠!'이라고 말하고, 돌멩이를 먹으면 '으악'이라고 말한다. 모이를 먹은 병아리는 쑥쑥 자라나 닭이 되어 '꼬끼오~!'하고 운다.

  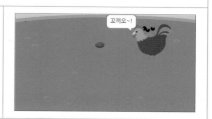

문제 1 다음 [처리조건]에 따라 배경 및 개체를 설정하시오. (10점)

▶ 배경 설정하기

처리조건	배경
◎ '잔디밭' 배경 불러오기 　– 이름을 '들판'으로 변경하기	잔디밭

▶ 개체 설정하기 (오브젝트는 순서대로 불러올 것)

처리조건	오브젝트	

① '검은콩' 오브젝트를 불러오기
   – 이름을 **'모이'**로 변경하기
② '검은 돌멩이' 오브젝트를 불러오기
   – 이름을 **'돌멩이'**로 변경하기
③ '병아리' 오브젝트를 불러오기
   – 이름 **변경 없음**
④ '암탉(2)' 오브젝트를 불러오기
   – 이름을 **'닭'**으로 변경하기
※ 기존의 '엔트리봇' 오브젝트는 삭제한다.
	① 검은콩	② 검은 돌멩이

	③ 병아리	④ 암탉(2)

문제 2   [전체블록]을 모두 사용하여 [처리조건]에 따라 개체를 코딩하시오. (90점)

▶ '모이' 오브젝트

'모이' 오브젝트는 무작위 수 위치에 나타난다.

처리조건	전체블록

◎ 시작하기 버튼을 클릭했을 때
  • 모양 숨기기
  • 크기를 '30'으로 정하기
  • 계속 반복하기
    – x: '–200 부터 200 사이의 무작위 수',
      y: '–120 부터 120 사이의 무작위 수'
      위치로 이동하기
    – '1' 초 기다리기
    – 모양 보이기

'돌멩이' 오브젝트

	'돌멩이' 오브젝트는 무작위 수 위치에 나타난다.

처리조건	전체블록
◎ 시작하기 버튼을 클릭했을 때 　• 모양 숨기기 　• 크기를 '20'으로 정하기 　• 계속 반복하기 　　− x: '−200 부터 200 사이의 무작위 수', 　　　y: '−120 부터 120 사이의 무작위 수' 　　　위치로 이동하기 　　− '1' 초 기다리기 　　− 모양 보이기	모양 보이기　　　크기를 0 (으)로 정하기 계속 반복하기 　　　시작하기 버튼을 클릭했을 때 모양 숨기기　　x: 0 y: 0 위치로 이동하기 0 초 기다리기　　0 부터 0 사이의 무작위 수

▶ '병아리' 오브젝트

'병아리' 오브젝트는 '왼쪽, 오른쪽, 위, 아래'로 이동하며, '검은콩' 오브젝트를 먹고 '닭' 오브젝트로 성장한다.

처리조건	전체블록
◎ 시작하기 버튼을 클릭했을 때 　• x: '100', y: '60' 위치로 이동하기 　• 크기를 '50'으로 정하기 　• 계속 반복하기 　　– 만일 '왼쪽 화살표' 키가 눌러졌다면 　　　└ x 좌표를 '−5' 만큼 바꾸기 　　– 만일 '오른쪽 화살표' 키가 눌러졌다면 　　　└ x 좌표를 '5' 만큼 바꾸기 　　– 만일 '위쪽 화살표' 키가 눌러졌다면 　　　└ y 좌표를 '5' 만큼 바꾸기 　　– 만일 '아래쪽 화살표' 키가 눌러졌다면 　　　└ y 좌표를 '−5' 만큼 바꾸기 　　– 만일 '모이'에 닿았다면 　　　└ '냠냠!' 을 '2' 초 동안 '말하기' 　　　└ 크기를 '120'으로 정하기 　　　└ '2' 초 기다리기 　　　└ 모양 숨기기 　　– 만일 '돌멩이'에 닿았다면 　　　└ '으악!' 을 '2' 초 동안 '말하기'	만일 　참　 (이)라면 ∧ 계속 반복하기 ∧ x: 0 y: 0 위치로 이동하기 x 좌표를 0 만큼 바꾸기 크기를 0 (으)로 정하기 y 좌표를 0 만큼 바꾸기 ▶ 시작하기 버튼을 클릭했을 때 0 초 기다리기 ∧　　모양 숨기기 마우스포인터 ▼ 에 닿았는가?　　스페이스 ▼ 키가 눌러져 있는가? 안녕! 을(를) 0 초 동안 말하기 ▼

▶ '암탉(2)' 오브젝트

 '닭' 오브젝트는 '병아리' 오브젝트의 크기가 '120'으로 커지면 '꼬끼오~!'라고 말하며 나타난다.

처리조건	전체블록
◎ 시작하기 버튼을 클릭했을 때 　• 모양 숨기기 　• '병아리' 의 '크기' = '(ㄱ)' 이 될 때까지 기다리기 　• '3' 초 기다리기 　• '다른 오브젝트의' 코드 멈추기 　• '병아리' 위치로 이동하기 　• 모양 보이기 　• '꼬끼오~!' 를 '2' 초 동안 '말하기'	모양 숨기기 ／ 마우스포인터 ▼ 위치로 이동하기 모든 ▼ 코드 멈추기 ／ 0 초 기다리기 안녕! 을(를) 0 초 동안 말하기 ▼ ／ 0 = 0 모양 보이기 ／ 참 이(가) 될 때까지 기다리기 ▶ 시작하기 버튼을 클릭했을 때 ／ 자신 ▼ 의 x좌푯값 ▼

문제 1 풀이 따라하기

문제 1을 해결하기 위해서는 배경 그리고 오브젝트에 관해 다룰 수 있어야 합니다. 배경을 추가한 후, 오브젝트도 순서대로 불러와 봅시다.

▶ 배경 설정하기

'잔디밭' 배경을 불러와 이름을 '들판'으로 변경합니다.

01 실행 화면 하단의 [오브젝트 추가하기(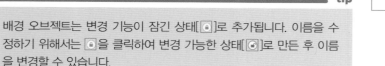)]를 누릅니다. 새로 나타난 오브젝트 추가하기 화면에서 [배경(███)] 카테고리를 누릅니다. 배경 관련 그림들이 나타나면 '잔디밭(██)' 을 찾아 선택한 후, [추가하기(██)] 버튼을 누르면 배경 오브젝트가 삽입됩니다.

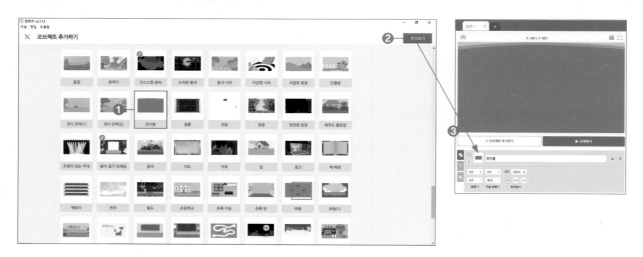

02 배경 오브젝트의 이름을 수정하기 위하여 🔒을 클릭하여 변경 가능한 상태[🔓]로 만든 후 이름을 '잔디밭'에서 '들판'으로 변경합니다.

─────────────────────────── **tip**

배경 오브젝트는 변경 기능이 잠긴 상태[🔒]로 추가됩니다. 이름을 수정하기 위해서는 🔒을 클릭하여 변경 가능한 상태[🔓]로 만든 후 이름을 변경할 수 있습니다.

▶ 개체 설정하기

오브젝트는 '검은콩', '검은 돌멩이', '병아리', '암탉(2)' 순서대로 추가하고, 오브젝트 이름을 변경합니다. 엔트리를 실행하였을 때 기본으로 추가되어 있던 기존의 '엔트리봇' 오브젝트는 삭제합니다.

01 [오브젝트 추가하기(+ 오브젝트 추가하기)]를 눌러 오브젝트 추가하기 창으로 이동합니다. 오른쪽 상단의 검색어 창에 '검은콩'이라고 입력하고 검색합니다.

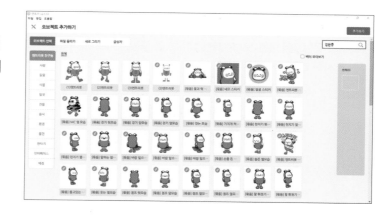

02 검색된 오브젝트가 맞는지를 확인한 후 오브젝트를 선택하면 오른쪽 '전체' 창에 입력됩니다.

03 같은 방법으로 검색어 창에 '검은 돌멩이', '병아리', '암탉(2)' 오브젝트를 검색하고 선택합니다.

───────────────── tip

여러 개의 오브젝트를 선택하여 '전체' 창에 입력된 오브젝트들은 한꺼번에 추가할 수 있습니다.

04 오브젝트 이름을 변경합니다. '검은콩'은 '모이'로, '검은 돌멩이'는 '돌멩이'로, '병아리'는 변경하지 않고, '암탉(2)'은 '닭'으로 입력하여 변경합니다.

━━━━━━━━━━━━━━━━━━━━━━━━━━━━━ **tip**

오브젝트는 나중에 불러올수록 화면에서 위에 배치됩니다. 만약 순서대로 불러오지 못한 경우에는 오브젝트에 마우스를 클릭한 채로 드래그하여 오브젝트의 순서를 변경할 수 있습니다.

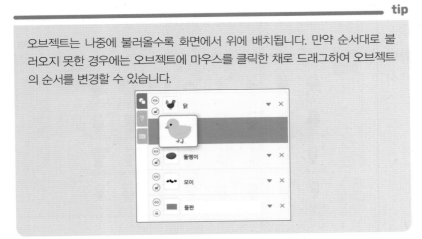

'모이' 오브젝트

01 모이( ) 오브젝트를 선택한 후 [시작( )]에서 시작하기 버튼을 클릭했을 때 블록을 드래그 하여 블록 조립소로 가져옵니다.

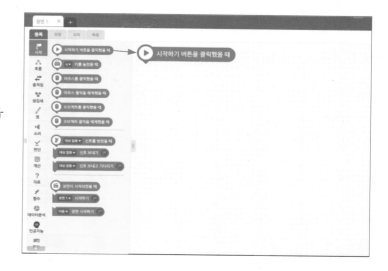

02 화면에 모이가 보이지 않도록 [생김새( )]의 모양 숨기기 블록을 연결합니다. 그리고 크기를 100 (으)로 정하기 블록을 가져와 연결하고, 크기를 '30'으로 입력하여 변경합니다.

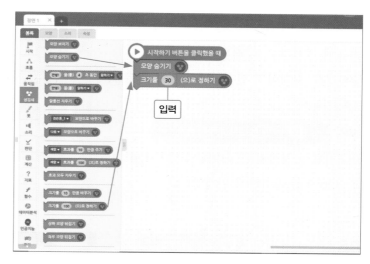

03 [흐름( )]의 계속 반복하기 블록을 연결합니다.

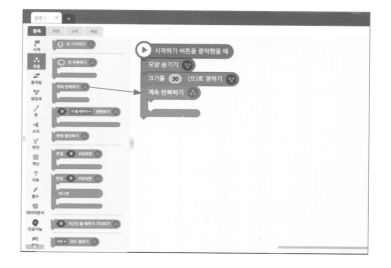

04 모이가 1초마다 무작위 위치로 이동
하도록 [움직임(🔀)]의

x: 0 y: 0 위치로 이동하기 🔀 블록을 연
결합니다.

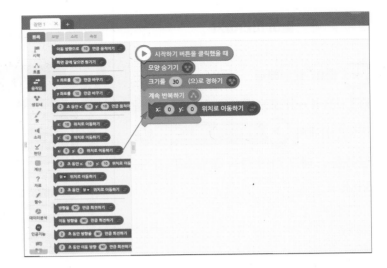

05 [계산(▦)]의

0 부터 10 사이의 무작위 수 블록을 가져와

x: 0 y: 0 위치로 이동하기 🔀 블록의 x
좌표에 결합하고, 무작위수를 '−200'과
'200'으로 입력하여 변경합니다.

0 부터 10 사이의 무작위 수 블록을 하나 더 가
져와 x: 0 y: 0 위치로 이동하기 🔀 블록
의 y좌표에 결합하고, 무작위수를 '−120'
과 '120'으로 입력하여 변경합니다.

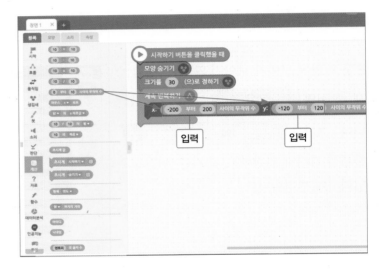

06 [흐름(⚙)]의 2 초 기다리기 ⚙ 블
록을 가져와 계속 반복하기 블록 안에

연결하고, 시간을 '1'로 입력하여 변경합니
다.

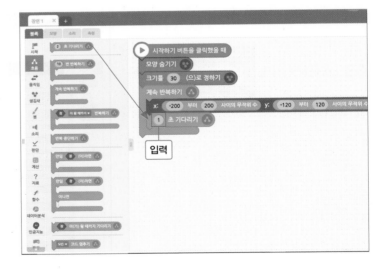

07 화면에 모이가 보이도록 [생김새
()]의 `모양 보이기` 블록을

`계속 반복하기` 블록 안에 연결합니다.

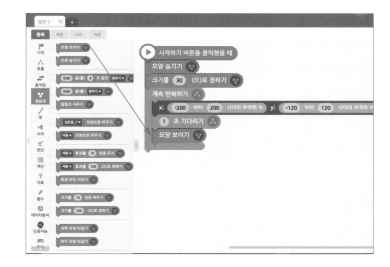

'돌멩이' 오브젝트

08 돌멩이(●) 오브젝트를 선택한 후
[시작(🚩)]에서

`▶ 시작하기 버튼을 클릭했을 때` 블록을 드래
그 하여 블록 조립소로 가져옵니다.

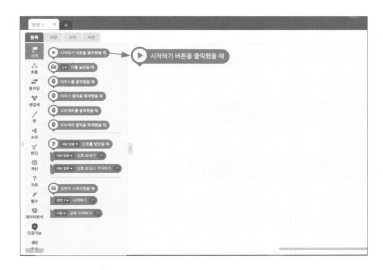

09 화면에 돌멩이가 보이지 않도록 [생
김새()]의 `모양 숨기기` 블록을 연결
합니다. 그리고

`크기를 100 (으)로 정하기` 블록을 가져
와 연결하고, 크기를 '20'으로 입력하여 변
경합니다.

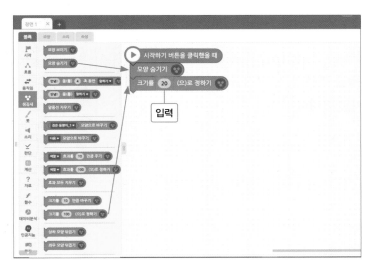

10 돌멩이도 모이와 마찬가지로 1초마다 무작위 위치로 이동하고 화면에 보이도록 동일하게 작성합니다. (**03~07**)

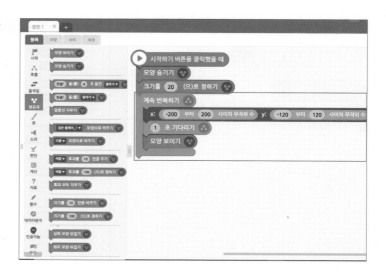

🐤 '병아리' 오브젝트

11 병아리(🐤) 오브젝트를 선택한 후 [시작(⚑)]에서

▶ 시작하기 버튼을 클릭했을 때 블록과 [움직임(⇄)]의

x: 0 y: 0 위치로 이동하기 블록을 가져와 연결합니다. 병아리 위치는 x좌표 '100', y좌표 '60'으로 입력하여 변경합니다.

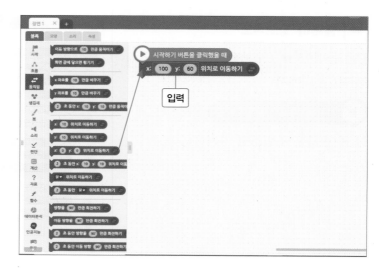

12 병아리의 크기를 정하도록 [생김새(😊)]의 크기를 100 (으)로 정하기 😊 블록을 연결하고, 크기를 '50'으로 입력하여 변경합니다.

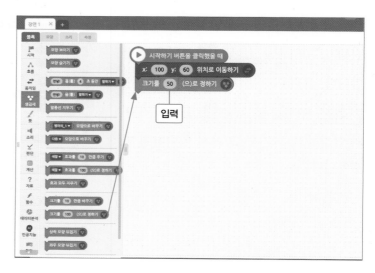

13 [흐름()]의 블록

과 블록을 연결합니다.

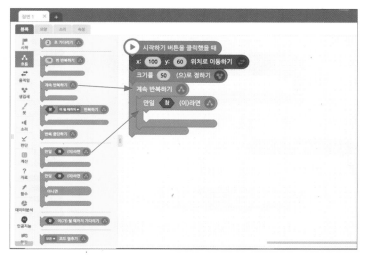

14 키보드의 왼쪽 화살표 키를 눌렀을 때 병아리가 왼쪽으로 이동하도록 [판단( )]의 ◆q▼ 키가 눌러져 있는가?◆ 블록을 '왼쪽 화살표'로 변경한 뒤 결합합니다.

15 [움직임( )]의 ◆x 좌표를 10 만큼 바꾸기◆ 블록을 연결하고 숫자를 '-5'로 입력하여 변경합니다.

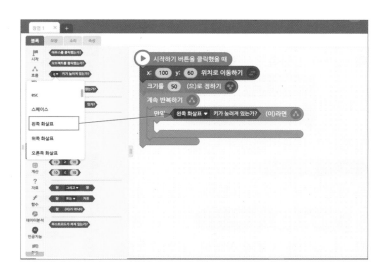

---

tip

좌우로 움직이기 위해서는 ◆x 좌표를 10 만큼 바꾸기◆ 블록을 이용하고, 상하로 움직이기 위해서는 ◆y 좌표를 10 만큼 바꾸기◆ 블록을 이용합니다.

16 키보드의 오른쪽 화살표 키를 눌렀을 때 병아리가 오른쪽으로 이동하도록 [흐름()]의

블록을 연결하고, [판단( )]의

키가 눌려져 있는가? 블록을 '오른쪽 화살표'로 변경한 뒤 결합합니다. [움직임( )]의 x 좌표를 10 만큼 바꾸기 블록을 연결하고 숫자를 '5'로 입력하여 변경합니다.

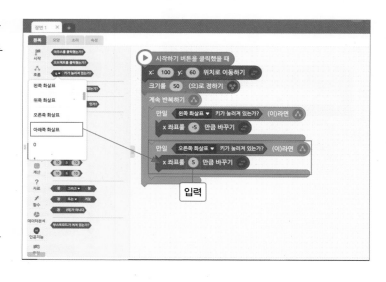

17 키보드의 위쪽 화살표 키를 눌렀을 때 병아리가 위쪽으로 이동하도록 [흐름()]의

블록을 연결하고, [판단( )]의

키가 눌려져 있는가? 블록을 '위쪽 화살표'로 변경한 뒤 결합합니다. [움직임( )]의 y 좌표를 10 만큼 바꾸기 블록을 연결하고 숫자를 '5'로 입력하여 변경합니다.

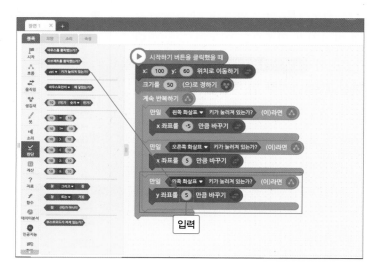

18 키보드의 아래쪽 화살표 키를 눌렀을 때 병아리가 아래쪽으로 이동하도록 [흐름()]의

블록을 연결하고, [판단( )]의

키가 눌려져 있는가? 블록을 '아래쪽 화살표'로 변경한 뒤 결합합니다. [움직임( )]의 y 좌표를 10 만큼 바꾸기 블록을 연결하고 숫자를 '-5'로 입력하여 변경합니다.

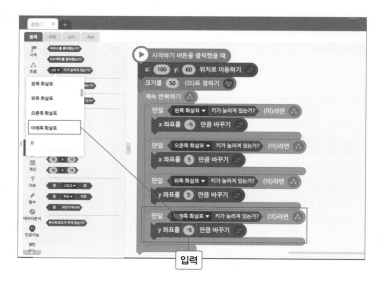

19 병아리가 모이에 닿는지 조건을 검사하기 위해 [흐름(△)]의

 블록을 연결하고, [판단(✓)]의 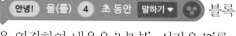 블록을 '모이'로 변경한 뒤 결합합니다.

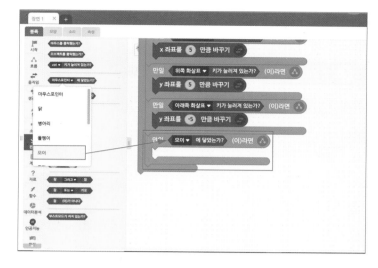

20 병아리가 모이에 닿으면 '냠냠!'이라고 2초 동안 말하고 크기가 커지도록 [생김새(☻)]의

안녕! 을(를) 4 초 동안 말하기 ◉ 블록을 연결하여 내용은 '냠냠!', 시간은 '2'를 입력하여 변경합니다.

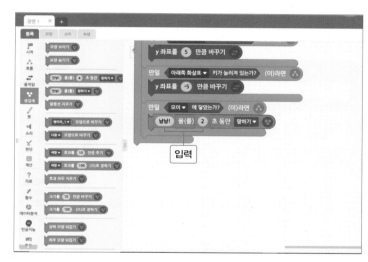

21 그리고 [생김새(☻)]의

크기를 100 (으)로 정하기 ◉ 블록을 연결하고, 크기를 '120'으로 입력하여 변경합니다.

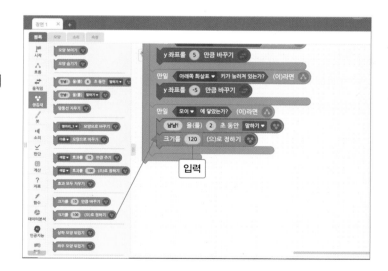

22 이어서 2초 후 모이가 화면에 보이지 않도록 하기위해 [흐름(△)]의  블록을 연결하고, [생김새(🙂)]의 모양 숨기기 🙂 블록을 연결합니다.

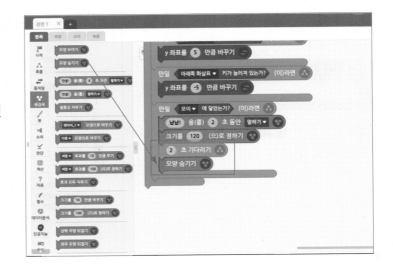

23 병아리가 '돌멩이'에 닿으면 '으악!'이라고 2초 동안 말하도록 [흐름(△)]의 만일 참 (이)라면 △ 블록을 연결하고, [판단(✔)]의 마우스포인터▼ 에 닿았는가? 블록을 '돌멩이'로 변경한 뒤 결합합니다.

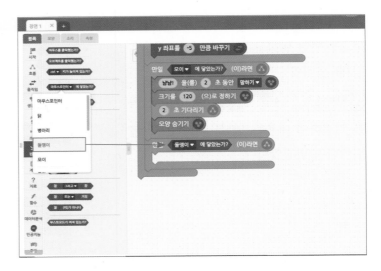

24 [생김새(🙂)]의 안녕! 을(를) 4 초 동안 말하기▼ 🙂 블록을 연결하여 내용은 '으악!', 시간은 '2'를 입력하여 변경합니다.

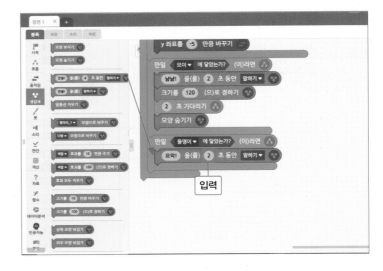

 **'닭' 오브젝트**

25 닭() 오브젝트를 선택한 후 [시작
(시작)]에서 ▶ 시작하기 버튼을 클릭했을 때 블
록과 [생김새(생김새)]의 모양 숨기기 블
록을 가져와 연결하여 닭이 화면에 보이지
않도록 합니다.

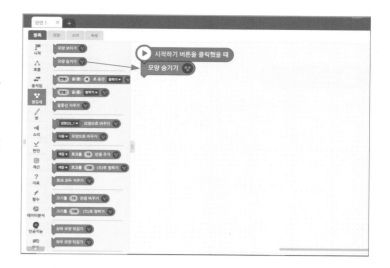

26 닭은 병아리의 크기가 '120'이 될 때
까지 기다리도록 [흐름(흐름)]의

참 이(가) 될 때까지 기다리기 블록을 연
결하고, [판단(판단)]의 10 = 10 블록
을 가져와 결합합니다.

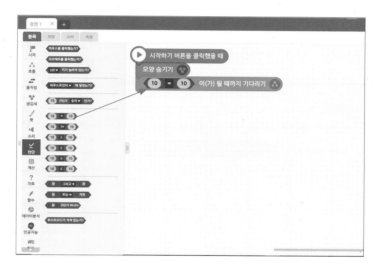

27 10 = 10 블록의 왼쪽에는
닭▼ 의 x좌푯값▼ 블록에서 '병아리'의 '크
기'로 변경하여 결합하고, 오른쪽에는
'120'을 입력하여 변경합니다.

─────────────── why

**문제 지문의 (ㄱ)에 해당하는 입력값에 대해
알아봅시다.**
병아리의 크기가 '120'까지 커지면 '꼬끼오~!'
라고 말해야하므로, 병아리의 크기가 '120'이
될 때까지 기다리는 코드입니다.

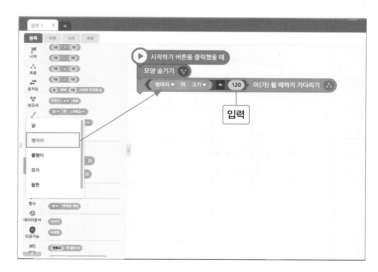

28 닭이 3초 후 다른 오브젝트의 코드를 멈추도록 [흐름(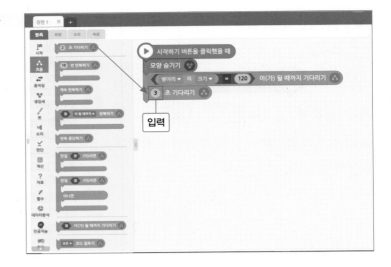)]의

<kbd>2 초 기다리기 ⚠</kbd> 블록을 연결하고, 시간을 '3'으로 입력하여 변경합니다.

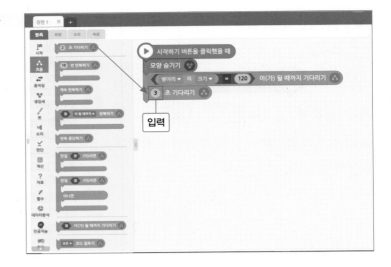

29 <kbd>모든▼ 코드 멈추기 ⚠</kbd> 블록을 '다른 오브젝트의'로 변경하여 연결합니다.

— **tip** —

병아리가 자라나 닭이 되면 모이와 돌멩이가 화면에 위치를 바꾸면서 보이도록 반복되는 것을 멈추도록 <kbd>다른 오브젝트의▼ 코드 멈추기 ⚠</kbd> 블록을 이용합니다.

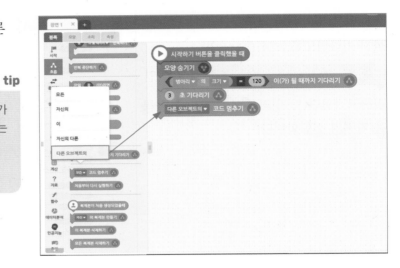

30 닭이 '병아리' 위치로 이동하도록 [움직임(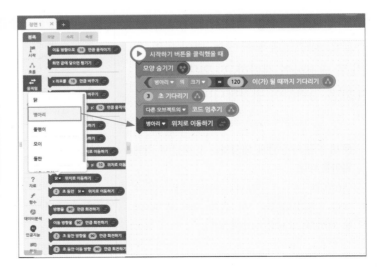)]의 <kbd>닭▼ 위치로 이동하기 ⇄</kbd> 을 '병아리'로 변경하여 연결합니다.

— **tip** —

병아리가 커져서 닭이 되는 것을 자연스럽게 나타내기 위해 자라난 병아리가 있던 위치와 동일한 곳에 닭을 이동하여 나타나게 합니다.

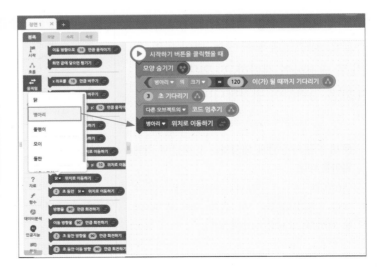

31 화면에 닭이 보이도록 [생김새(:️️️)]
의 모양 보이기 :️ 블록을 연결합니다.

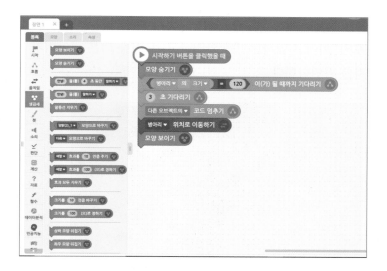

32 이어서 닭이 '꼬끼오~!'라고
2초 동안 말하도록

 안녕! 을(를) 4 초 동안 말하기 ▼ :️ 블록
을 연결하여 내용은 '꼬끼오~!', 시간은 '2'
를 입력하여 변경합니다.

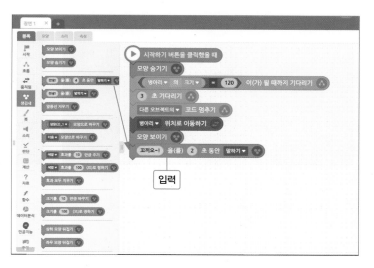

33 ▶ 시작하기 를 클릭하여 병아리가 모이를 먹으면 '냠냠~'이라고 말하고, 돌멩이를 먹으면 '으악!'이라고 말하는지를 확인하고, 모이를 먹은 병아리가 자라나 닭이 되면 '꼬끼오~!'라고 말하며 우는 지를 확인합니다.

📧 '모이' 오브젝트

▶ 시작하기 버튼을 클릭했을 때
모양 숨기기 ❖
크기를 30 (으)로 정하기 ❖
계속 반복하기 ∧
  x: -200 부터 200 사이의 무작위 수 y: -120 부터 120 사이의 무작위 수 위치로 이동하기 ⇄
  1 초 기다리기 ∧
  모양 보이기 ❖

⬛ '돌멩이' 오브젝트

▶ 시작하기 버튼을 클릭했을 때
모양 숨기기 ❖
크기를 20 (으)로 정하기 ❖
계속 반복하기 ∧
  x: -200 부터 200 사이의 무작위 수 y: -120 부터 120 사이의 무작위 수 위치로 이동하기 ⇄
  1 초 기다리기 ∧
  모양 보이기 ❖

🐤 '병아리' 오브젝트

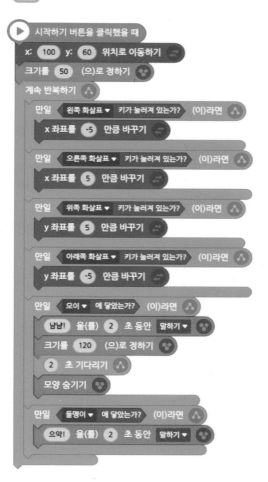

▶ 시작하기 버튼을 클릭했을 때
x: 100 y: 60 위치로 이동하기 ⇄
크기를 50 (으)로 정하기 ❖
계속 반복하기 ∧
  만일 왼쪽 화살표▼ 키가 눌러져 있는가? (이)라면 ∧
    x 좌표를 -5 만큼 바꾸기 ⇄
  만일 오른쪽 화살표▼ 키가 눌러져 있는가? (이)라면 ∧
    x 좌표를 5 만큼 바꾸기 ⇄
  만일 위쪽 화살표▼ 키가 눌러져 있는가? (이)라면 ∧
    y 좌표를 5 만큼 바꾸기 ⇄
  만일 아래쪽 화살표▼ 키가 눌러져 있는가? (이)라면 ∧
    y 좌표를 -5 만큼 바꾸기 ⇄
  만일 모이▼ 에 닿았는가? (이)라면 ∧
    냠냠! 을(를) 2 초 동안 말하기▼ ❖
    크기를 120 (으)로 정하기 ❖
    2 초 기다리기 ∧
    모양 숨기기 ❖
  만일 돌멩이▼ 에 닿았는가? (이)라면 ∧
    으악! 을(를) 2 초 동안 말하기▼ ❖

🐔 '닭' 오브젝트

▶ 시작하기 버튼을 클릭했을 때
모양 숨기기 ❖
병아리▼ 의 크기▼ = 120 이(가) 될 때까지 기다리기 ∧
3 초 기다리기 ∧
다른 오브젝트의▼ 코드 멈추기 ❖
병아리▼ 위치로 이동하기 ⇄
모양 보이기 ❖
꼬끼오~! 을(를) 2 초 동안 말하기▼ ❖

학습 가이드

공개된 샘플 문제들을 통해 시험문제를 어떻게 해결해야 할지 풀이 과정을 따라 하면서 자세히 파악할 수 있었습니다. 이번 파트는 모의시험을 여러 번 스스로 직접 풀어가면서 실전에 대한 자신감을 높이도록 합시다.

PART 06

3급
기출 유형
문제

3급 기출 유형 문제 1회

바닷 속 동물들이 활동하고 있다. 꽃게가 환영 인사를 하고 오른쪽으로 이동한다. 물고기는 뻐끔뻐끔 입모양을 바꾸며 속도를 바꾸면서 움직인다. 빨간 물고기는 이동하다가 해파리에 닿으면 크기가 커진다. 해파리는 무작위 수만큼 위아래로 움직이고 있다.

문제 1   다음 [처리조건]에 따라 배경 및 개체를 설정하시오. (10점)

▶ 배경 설정하기

처리조건	배경
◎ '바닷속(2)' 배경 불러오기 　– 이름을 '바닷속'으로 변경하기	① 바닷속(2)

▶ 개체 설정하기 (오브젝트는 순서대로 불러올 것)

처리조건	오브젝트	

① '꽃게' 오브젝트를 불러오기
   – 이름 **변경 없음**
 ② '물고기' 오브젝트를 불러오기
   – 이름 **변경 없음**
 ③ '빨간 물고기' 오브젝트를 불러오기
   – 이름 **변경 없음**
 ④ '짧은 해파리' 오브젝트를 불러오기
   – 이름을 **'해파리'**로 변경하기
 ※ 기존의 '엔트리봇' 오브젝트는 삭제한다.
	① 꽃게	② 물고기

	③ 빨간 물고기	④ 해파리

문제 2   [전체블록]을 모두 사용하여 [처리조건]에 따라 개체를 코딩하시오. (90점)

▶ '꽃게' 오브젝트

	'꽃게' 오브젝트는 오른쪽에 닿을 때까지 '10' 만큼씩 이동한다.

처리조건	전체블록

◎ 시작하기 버튼을 클릭했을 때
 • x: '–200', y: '–85' 위치로 이동하기
 • '바닷 속에 오신 것을 환영합니다.' 라고 '4' 초 동안 '말하기'
 • '오른쪽 벽'에 닿을 때까지 반복하기
   – x좌표를 '(ㄱ)' 만큼 바꾸기
   – '0.5' 초 기다리기

'물고기' 오브젝트는 모양을 바꾸며, 랜덤 속도로 움직인다.

처리조건	전체블록

① 시작하기 버튼을 클릭했을 때
• 크기를 '70'으로 정하기
• 이동 방향을 '30' 만큼 회전하기
• 계속 반복하기
    – 이동 방향으로 ' '1' 부터 '3' 사이의 무작위
       수' 만큼 움직이기
    – 화면 끝에 닿으면 튕기기
② 시작하기 버튼을 클릭했을 때
• 계속 반복하기
    – '0.5' 초 기다리기
    – '물고기_입다뭄' 모양으로 바꾸기
    – '0.5' 초 기다리기
    – '물고기_입벌림' 모양으로 바꾸기
	▶ 시작하기 버튼을 클릭했을 때 계속 반복하기
	
	0 부터 0 사이의 무작위 수
	
	크기를 0 (으)로 정하기 0 초 기다리기
	
	물고기_입다뭄 ▼ 모양으로 바꾸기
	
	물고기_입벌림 ▼ 모양으로 바꾸기
	
	이동 방향을 0° 만큼 회전하기
	
	이동 방향으로 0 만큼 움직이기
	
	화면 끝에 닿으면 튕기기

▶ '빨간 물고기' 오브젝트

 '빨간 물고기' 오브젝트가 이동하다가 해파리에 닿으면 크기가 커진다.

처리조건	전체블록

① 시작하기 버튼을 클릭했을 때
• x: '−140', y: '60' 위치로 이동하기
• 계속 반복하기
   – 이동 방향으로 '1' 만큼 움직이기
   – 화면 끝에 닿으면 튕기기
② 시작하기 버튼을 클릭했을 때
• 크기를 '30'으로 정하기
• 계속 반복하기
   – 만일 '해파리'에 닿았다면
     └ 크기를 '10' 만큼 바꾸기
     └ '1' 초 기다리기
	▶ 시작하기 버튼을 클릭했을 때 계속 반복하기 ∧
	크기를 0 (으)로 정하기
	크기를 0 만큼 바꾸기
	                 0 초 기다리기 ∧
	만일 참 (이)라면 ∧
	               마우스포인터 ▼ 에 닿았는가?
	x: 0 y: 0 위치로 이동하기
	화면 끝에 닿으면 튕기기
	이동 방향으로 0 만큼 움직이기

▶ '해파리' 오브젝트

 '해파리' 오브젝트는 무작위 수 만큼 위아래로 이동한다.

처리조건	전체블록

◎ 시작하기 버튼을 클릭했을 때
  • x: '−190', y: '−65' 위치로 이동하기
  • 크기를 '70'으로 정하기
  • 계속 반복하기
    − ' '25'부터 '30' 사이의 무작위 수'번 반복하기
      └ y좌표를 '3' 만큼 바꾸기
    − '3' 초 기다리기
    − ' '25'부터 '30' 사이의 무작위 수'번 반복하기
      └ y좌표를 '−2' 만큼 바꾸기
    − '3' 초 기다리기
	0 번 반복하기 ∧ **0** 초 기다리기 ∧
	
	                   계속 반복하기 ∧
	
	0 부터 **0** 사이의 무작위 수
	
	y 좌표를 **0** 만큼 바꾸기
	
	x: **0** y: **0** 위치로 이동하기
	
	▶ 시작하기 버튼을 클릭했을 때
	
	크기를 **0** (으)로 정하기

🦀 '꽃게' 오브젝트

▶ 시작하기 버튼을 클릭했을 때
x: -200 y: -85 위치로 이동하기
바닷 속에 오신 것을 환영합니다. 을(를) 4 초 동안 말하기 ▼
오른쪽 벽 ▼ 에 닿았는가? 이 될 때까지 ▼ 반복하기
x 좌표를 10 만큼 바꾸기
0.5 초 기다리기

🐟 '물고기' 오브젝트

▶ 시작하기 버튼을 클릭했을 때
크기를 70 (으)로 정하기
이동 방향을 30˚ 만큼 회전하기
계속 반복하기
이동 방향으로 1 부터 3 사이의 무작위 수 만큼 움직이기
화면 끝에 닿으면 튕기기

▶ 시작하기 버튼을 클릭했을 때
계속 반복하기
0.5 초 기다리기
물고기_입다뭄 ▼ 모양으로 바꾸기
0.5 초 기다리기
물고기_입벌림 ▼ 모양으로 바꾸기

🐠 '빨간 물고기' 오브젝트

▶ 시작하기 버튼을 클릭했을 때
x: -140 y: 60 위치로 이동하기
계속 반복하기
이동 방향으로 1 만큼 움직이기
화면 끝에 닿으면 튕기기

▶ 시작하기 버튼을 클릭했을 때
크기를 30 (으)로 정하기
계속 반복하기
만일 해파리 ▼ 에 닿았는가? (이)라면
크기를 10 만큼 바꾸기
1 초 기다리기

🪼 '해파리' 오브젝트

▶ 시작하기 버튼을 클릭했을 때
x: -190 y: -65 위치로 이동하기
크기를 70 (으)로 정하기
계속 반복하기
25 부터 30 사이의 무작위 수 번 반복하기
y 좌표를 3 만큼 바꾸기
3 초 기다리기
25 부터 30 사이의 무작위 수 번 반복하기
y 좌표를 -2 만큼 바꾸기
3 초 기다리기

___ why

꽃게 (ㄱ) : 꽃게가 오른쪽 벽에 닿을 때까지 '10' 만큼씩 이동해야하므로 x좌표를 '10' 만큼 바꿔야 합니다.

3급 기출 유형 문제 2회

자동판매기에서 물과 우유를 판매하고 있다. 동전은 빙글빙글 돌고, 동전을 클릭하면 자동판매기 동전투입구로 이동한다. 물과 우유 중 물을 구매하려면 엔터 키를, 우유를 구매하려면 시프트 키를 누르면 자동판매기에서 원하는 제품이 나온다.

문제 1 다음 [처리조건]에 따라 배경 및 개체를 설정하시오. (10점)

▶ **배경 설정하기**

처리조건	배경
◎ '학교 복도' 배경 불러오기 – 이름 **변경 없음**	① 학교 복도

▶ 개체 설정하기 (오브젝트는 순서대로 불러올 것)

처리조건	오브젝트	
① '자동판매기' 오브젝트를 불러오기 　　– 이름 **변경 없음** ② '동전' 오브젝트를 불러오기 　　– 이름 **변경 없음** ③ '물' 오브젝트를 불러오기 　　– 이름 **변경 없음** ④ '우유200ml' 오브젝트를 불러오기 　　– 이름을 **'우유'**로 변경하기 ※ 기존의 '엔트리봇' 오브젝트는 삭제한다.	① 자동판매기	② 동전
	③ 물	④ 우유

문제 2　[전체블록]을 모두 사용하여 [처리조건]에 따라 개체를 코딩하시오. (90점)

▶ '자동판매기' 오브젝트

	'자동판매기' 오브젝트는 안내 멘트를 한다.

처리조건	전체블록
◎ 시작하기 버튼을 클릭했을 때 　• x: '–70', y: '0' 위치로 이동하기 　• 크기를 '250'으로 정하기 　• '동전을 넣으세요.' 라고 '4' 초 동안 '말하기' 　• '원하는 제품을 클릭하세요.' 라고 '4' 초 동안 '말하기'	

'동전' 오브젝트

	'동전' 오브젝트는 동전이 빙글빙글 돌다가 클릭하면 크기를 '−30' 만큼 바꾸고 자동판매기의 동전투입구로 이동한다.

처리조건	전체블록

① 시작하기 버튼을 클릭했을 때
• 크기를 '70'으로 정하기
• x: '150', y: '−80' 위치로 이동하기
• '오브젝트를 클릭할 때까지' 반복하기
   − '0.5' 초 기다리기
   − '다음' 모양으로 바꾸기
• 크기를 'ㄱ' 만큼 바꾸기
• '2' 초 동안 x: '18', y: '−56' 위치로 이동하기
• 모양 숨기기
	시작하기 버튼을 클릭했을 때
	
	다음 ▼ 모양으로 바꾸기 모양 숨기기
	
	크기를 0 (으)로 정하기 오브젝트를 클릭했는가?
	
	크기를 0 만큼 바꾸기 0 초 기다리기
	
	x: 0 y: 0 위치로 이동하기
	
	0 초 동안 x: 0 y: 0 위치로 이동하기
	
	참 이 될 때까지 ▼ 반복하기

▶ '물' 오브젝트

 '물' 오브젝트를 클릭하면 물을 구매하기 위해 Enter키를 누르라는 안내가 나오며, 엔터 키를 누르면 자판기에서 물이 나온다.

처리조건	전체블록
① 시작하기 버튼을 클릭했을 때 　• 크기를 '50'으로 정하기 　• x: '−120', y: '10' 위치로 이동하기 　• 계속 반복하기 　　− 만일 '엔터' 키가 눌러졌다면 　　└ y: '−100' 위치로 이동하기 ② 오브젝트를 클릭했을 때 　• '물을 구매하시려면 Enter키를 누르세요.'를 　'4' 초 동안 '말하기'	

▶ '우유' 오브젝트

 '우유' 오브젝트를 클릭하면 우유를 구매하기 위해 Shift키를 누르라는 안내가 나오며, shift 키를 누르면 자판기에서 우유가 나온다.

처리조건	전체블록
① 시작하기 버튼을 클릭했을 때 　• 크기를 '50'으로 정하기 　• x: '−40', y: '10' 위치로 이동하기 　• 계속 반복하기 　　− 만일 'shift' 키가 눌러졌다면 　　└ y: '−100' 위치로 이동하기 ② 오브젝트를 클릭했을 때 　• '우유 구매하시려면 Shift키를 누르세요.'를 '4' 　초 동안 '말하기'	시작하기 버튼을 클릭했을 때　계속 반복하기 오브젝트를 클릭했을 때 크기를 0 (으)로 정하기 스페이스 ▼ 키가 눌러져 있는가? y: 0 위치로 이동하기　만일 참 (이)라면 x: 0 y: 0 위치로 이동하기 안녕! 을(를) 0 초 동안 말하기 ▼

🖥️ '자동판매기' 오브젝트

▶ 시작하기 버튼을 클릭했을 때
x: -70 y: 0 위치로 이동하기
크기를 250 (으)로 정하기
동전을 넣으세요. 을(를) 4 초 동안 말하기 ▼
원하는 제품을 클릭하세요. 을(를) 4 초 동안 말하기 ▼

⚪ '동전' 오브젝트

▶ 시작하기 버튼을 클릭했을 때
크기를 70 (으)로 정하기
x: 150 y: -80 위치로 이동하기
오브젝트를 클릭했는가? 이 될 때까지 ▼ 반복하기
  0.2 초 기다리기
  다음 ▼ 모양으로 바꾸기
크기를 -30 만큼 바꾸기
2 초 동안 x: 18 y: -56 위치로 이동하기
모양 숨기기

🧴 '물' 오브젝트

▶ 시작하기 버튼을 클릭했을 때
크기를 50 (으)로 정하기
x: -120 y: 10 위치로 이동하기
계속 반복하기
  만일 엔터 ▼ 키가 눌러져 있는가? (이)라면
    y: -100 위치로 이동하기

🖱️ 오브젝트를 클릭했을 때
물을 구매하시려면 Enter키를 누르세요. 을(를) 4 초 동안 말하기 ▼

🏠 '우유' 오브젝트

▶ 시작하기 버튼을 클릭했을 때
크기를 50 (으)로 정하기
x: -40 y: 10 위치로 이동하기
계속 반복하기
  만일 shift ▼ 키가 눌러져 있는가? (이)라면
    y: -100 위치로 이동하기

🖱️ 오브젝트를 클릭했을 때
우유를 구매하시려면 Shift키를 누르세요. 을(를) 4 초 동안 말하기 ▼

___ why

동전 (ㄱ) : 동전을 클릭하면 동전의 크기를 '-30' 만큼 줄이고 '2' 초 동안 지정된 위치로 이동해야 합니다.

3급 기출 유형 문제 3회

우주인이 우주를 탐사하고 있다. 우주인들이 움직이다가 로켓이 나타나면, 로켓으로 이동하여 탑승한다.

문제 1 다음 [처리조건]에 따라 배경 및 개체를 설정하시오. (10점)

▶ **배경 설정하기**

처리조건	배경
◎ '우주(2)' 배경 불러오기 　 – 이름을 **'우주'**로 변경하기	① 우주(2)

▶ 개체 설정하기 (오브젝트는 순서대로 불러올 것)

처리조건	오브젝트	

① '행성(6)' 오브젝트를 불러오기
   – 이름을 **'행성'**으로 변경하기
② '우주인(1)' 오브젝트를 불러오기
   – 이름 **변경 없음**
③ '우주인(1)' 오브젝트를 불러오기
   – 이름을 **'우주인(2)'**로 변경하기
④ '로켓' 오브젝트를 불러오기
   – 이름 **변경 없음**
※ 기존의 '엔트리봇' 오브젝트는 삭제한다.
	① 행성(6)	② 우주인(1)

	③ 우주인(1)	④ 로켓

문제 2   [전체블록]을 모두 사용하여 [처리조건]에 따라 개체를 코딩하시오. (90점)

▶ '행성' 오브젝트

	'행성' 오브젝트는 우주 위치로 이동한다.

처리조건	전체블록

◎ 시작하기 버튼을 클릭했을 때
   • x: '140', y: '–90' 위치로 이동하기
   • 크기를 '150'으로 정하기	

▶ '우주인(1)' 오브젝트

 '우주인(1)' 오브젝트는 원을 그리며 움직이다가 로켓이 나타나면 '2' 초 동안 로켓 위치로 이동한다.

처리조건	전체블록
◎ 시작하기 버튼을 클릭했을 때 　• x: '–30', y: '90' 위치로 이동하기 　• '15'번 반복하기 　　– 이동 방향을 '30' 만큼 회전하기 　　– 이동 방향으로 '10' 만큼 움직이기 　　– '0.5' 초 기다리기 　• '맨 앞으로' 보내기 　• '(ㄱ)' 초 동안 '로켓' 위치로 이동하기 　• 만일 '로켓'에 닿았다면 　　– 모양 숨기기	시작하기 버튼을 클릭했을 때　／　0 초 기다리기 0 번 반복하기 x: 0 y: 0 위치로 이동하기 이동 방향을 0° 만큼 회전하기 만일 참 (이)라면 모양 숨기기 맨 앞으로 ▼ 보내기 마우스포인터 ▼ 에 닿았는가? 0 초 동안 마우스포인터 ▼ 위치로 이동하기 이동 방향으로 0 만큼 움직이기

▶ '우주인(2)' 오브젝트

 '우주인(2)' 오브젝트는 모양을 바꾸며 움직이다가 로켓이 나타나면 로켓 위치로 이동한다.

처리조건	전체블록
① 시작하기 버튼을 클릭했을 때 • x: '−110', y: '−25' 위치로 이동하기 • '2'번 반복하기 　− '90' 방향으로 '20' 만큼 움직이기 　− '1' 초 기다리기 　− '180' 방향으로 '20' 만큼 움직이기 　− '1' 초 기다리기 • '2'번 반복하기 　− '0' 방향으로 '20' 만큼 움직이기 　− '1' 초 기다리기 　− '270' 방향으로 '20' 만큼 움직이기 　− '1' 초 기다리기 • '맨 앞으로' 보내기 • '2' 초 동안 '로켓' 위치로 이동하기 • 만일 '로켓'에 달았다면 　− 모양 숨기기 ② 시작하기 버튼을 클릭했을 때 • '8'번 반복하기 　− '1' 초 기다리기 　− '다음' 모양으로 바꾸기	시작하기 버튼을 클릭했을 때 0 번 반복하기　만일 참 (이)라면 0 초 기다리기　마우스포인터 ▼ 에 닿았는가? 다음 ▼ 모양으로 바꾸기　0° 방향으로 0 만큼 움직이기 맨 앞으로 ▼ 보내기　x: 0 y: 0 위치로 이동하기 0 초 동안 마우스포인터 ▼ 위치로 이동하기 모양 숨기기

'로켓' 오브젝트

	'로켓' 오브젝트는 행성의 위치로 이동한다.

처리조건	전체블록
◎ 시작하기 버튼을 클릭했을 때 　• x: '−230', y: '−160' 위치로 이동하기 　• 방향을 '75' 만큼 회전하기 　• 이동 방향을 '0'으로 정하기 　• '7' 초 기다리기 　• '1' 초 동안 '행성' 위치로 이동하기	0 초 기다리기 방향을 0° 만큼 회전하기 이동 방향을 0° (으)로 정하기 x: 0 y: 0 위치로 이동하기 0 초 동안 마우스포인터 ▼ 위치로 이동하기 ▶ 시작하기 버튼을 클릭했을 때

⦿ '행성' 오브젝트

▶ 시작하기 버튼을 클릭했을 때
x: 140 y: -90 위치로 이동하기
크기를 150 (으)로 정하기

🧑‍🚀 '우주인(1)' 오브젝트

▶ 시작하기 버튼을 클릭했을 때
x: -30 y: 90 위치로 이동하기
15 번 반복하기
　이동 방향을 30° 만큼 회전하기
　이동 방향으로 10 만큼 움직이기
　0.5 초 기다리기
맨 앞으로 ▼ 보내기
2 초 동안 로켓 ▼ 위치로 이동하기
만일 로켓 ▼ 에 닿았는가? (이)라면
　모양 숨기기

🧑‍🚀 '우주인(2)' 오브젝트

▶ 시작하기 버튼을 클릭했을 때
x: -110 y: -25 위치로 이동하기
2 번 반복하기
　90° 방향으로 20 만큼 움직이기
　1 초 기다리기
　180° 방향으로 20 만큼 움직이기
　1 초 기다리기
2 번 반복하기
　0° 방향으로 20 만큼 움직이기
　1 초 기다리기
　270° 방향으로 20 만큼 움직이기
　1 초 기다리기
맨 앞으로 ▼ 보내기
2 초 동안 로켓 ▼ 위치로 이동하기
만일 로켓 ▼ 에 닿았는가? (이)라면
　모양 숨기기

▶ 시작하기 버튼을 클릭했을 때
8 번 반복하기
　1 초 기다리기
　다음 ▼ 모양으로 바꾸기

🚀 '로켓' 오브젝트

▶ 시작하기 버튼을 클릭했을 때
x: -230 y: -160 위치로 이동하기
방향을 75° 만큼 회전하기
이동 방향을 0° (으)로 정하기
7 초 기다리기
1 초 동안 행성 ▼ 위치로 이동하기

_____ why

우주인(1) (ㄱ) : 우주인(1)은 움직이다가 로켓이 나타나면 '2'
초 동안 로켓의 위치로 이동해야 합니다.

3급 기출 유형 문제 4회

카멜레온이 들판을 산책하고 있다. 들꽃을 클릭하면 회전하며 돈다. 카멜레온이 들꽃에 닿으면 들꽃의 크기가 커지고, 수풀에 닿으면 수풀 색이 변한다.

문제 1 다음 [처리조건]에 따라 배경 및 개체를 설정하시오. (10점)

▶ **배경 설정하기**

처리조건	배경
◎ '들판(3)' 배경 불러오기 　－ 이름을 **'들판'**으로 변경하기	① 들판(3)

▶ 개체 설정하기 (오브젝트는 순서대로 불러올 것)

처리조건	오브젝트	
① '수풀(4)' 오브젝트를 불러오기 　－ 이름을 '**수풀**'로 변경하기 ② '들꽃(노랑)' 오브젝트를 불러오기 　－ 이름 **변경 없음** ③ '들꽃(주황)' 오브젝트를 불러오기 　－ 이름 **변경 없음** ④ '카멜레온' 오브젝트를 불러오기 　－ 이름 **변경 없음** ※ 기존의 '엔트리봇' 오브젝트는 삭제한다.	① 수풀(4) 🌱	② 들꽃(노랑) ⭐
	③ 들꽃(주황) ⭐	④ 카멜레온 🐱

문제 2　[전체블록]을 모두 사용하여 [처리조건]에 따라 개체를 코딩하시오. (90점)

▶ '수풀' 오브젝트

🌱	'수풀' 오브젝트는 들판 위치로 이동한다.

처리조건	전체블록
◎ 시작하기 버튼을 클릭했을 때 　• x: '170', y: '−90' 위치로 이동하기	

'들꽃(노랑)' 오브젝트

★	'들꽃(노랑)' 오브젝트는 카멜레온에 닿으면 크기가 커지다가 일정 크기가 되면 다시 원래의 크기로 돌아간다. 들꽃을 클릭하면 꽃 방향을 '−5' 만큼씩 회전한다.

처리조건	전체블록
① 시작하기 버튼을 클릭했을 때 　• x: '−80', y: '−10' 위치로 이동하기 　• 크기를 '30'으로 정하기 　• 계속 반복하기 　　− 만일 '카멜레온'에 닿았다면 　　└ 크기를 '1' 만큼 바꾸기 　　− 만일 '들꽃(노랑)'의 '크기' 〉 '120' 이라면 　　└ 크기를 '30'으로 정하기 ② 오브젝트를 클릭했을 때 　• 계속 반복하기 　　− 방향을 '(ㄱ)' 만큼 회전하기	시작하기 버튼을 클릭했을 때　　오브젝트를 클릭했을 때 계속 반복하기 ∧　　　　0 〉 0 　　　　　　　　　　　자신▼ 의 크기▼ 만일 참 (이)라면 ∧　　크기를 0 만큼 바꾸기 　　　　　　　　　　크기를 0 (으)로 정하기 카멜레온▼ 에 닿았는가? 방향을 0° 만큼 회전하기 x: 0 y: 0 위치로 이동하기

▶ '들꽃(주황)' 오브젝트

'들꽃(주황)' 오브젝트는 카멜레온에 닿으면 크기가 커지다가 일정 크기가 되면 다시 원래의 크기로 돌아간다. 들꽃을 클릭하면 꽃이 시계방향으로 회전한다.

처리조건	전체블록

① 시작하기 버튼을 클릭했을 때
• x: '70', y: '−50' 위치로 이동하기
• 크기를 '30'으로 정하기
• 계속 반복하기
 – 만일 '카멜레온'에 닿았다면
  └ 크기를 '1' 만큼 바꾸기
 – 만일 '들꽃(주황)'의 '크기' 〉 '120' 이라면
  └ 크기를 '30'으로 정하기
② 오브젝트를 클릭했을 때
• 계속 반복하기
 – 방향을 '5' 만큼 회전하기
	시작하기 버튼을 클릭했을 때 오브젝트를 클릭했을 때
	
	계속 반복하기 (0 > 0)
	
	자신▼ 의 크기▼
	
	만일 참 (이)라면 카멜레온▼ 에 닿았는가?
	
	크기를 0 만큼 바꾸기
	
	크기를 0 (으)로 정하기
	
	방향을 0° 만큼 회전하기
	
	x: 0 y: 0 위치로 이동하기

'카멜레온' 오브젝트

	'카멜레온' 오브젝트는 오른쪽, 왼쪽으로 이동하고, 수풀에 닿으면 색을 바꾼다.

처리조건	전체블록

① 시작하기 버튼을 클릭했을 때
- x: '–150', y: '–55' 위치로 이동하기
- 계속 반복하기
    - 만일 '오른쪽 화살표' 키에 눌러졌다면
        └ x좌표를 '2' 만큼 바꾸기
    - 만일 '왼쪽 화살표' 키에 눌러졌다면
        └ x좌표를 '–2' 만큼 바꾸기
② 시작하기 버튼을 클릭했을 때
- 계속 반복하기
    - 만일 '수풀'에 닿았다면
        └ '색깔' 효과를 '10' 만큼 주기
        └ '2' 초 기다리기
    - 아니면
        └ '색깔' 효과를 '100'으로 정하기

전체블록:
- 계속 반복하기
- 만일 참 (이)라면 / 아니면
- 0 초 기다리기
- 마우스포인터 ▼ 에 닿았는가?
- ▶ 시작하기 버튼을 클릭했을 때
- 색깔 ▼ 효과를 0 만큼 주기
- 색깔 ▼ 효과를 0 (으)로 정하기

정답

🌿 '수풀' 오브젝트

```
▶ 시작하기 버튼을 클릭했을 때
   x: 170  y: -90  위치로 이동하기
```

⭐ '들꽃(노랑)' 오브젝트

```
▶ 시작하기 버튼을 클릭했을 때
   x: -80  y: -10  위치로 이동하기
   크기를 30 (으)로 정하기
   계속 반복하기
      만일  카멜레온 ▾ 에 닿았는가?  (이)라면
         크기를 1 만큼 바꾸기
      만일  들꽃(노랑) ▾ 의 크기 ▾ > 120  (이)라면
         크기를 30 (으)로 정하기
```

---

why

들꽃(노랑) (ㄱ) : 들꽃을 클릭하면 꽃이 반시계방향으로
회전하기 위해, 방향 '−5' 만큼씩 회전하기를 반복해야
합니다.

```
● 오브젝트를 클릭했을 때
   계속 반복하기
      방향을 -5° 만큼 회전하기
```

⭐ '들꽃(주황)' 오브젝트

```
▶ 시작하기 버튼을 클릭했을 때
   x: 70  y: -50  위치로 이동하기
   크기를 30 (으)로 정하기
   계속 반복하기
      만일  카멜레온 ▾ 에 닿았는가?  (이)라면
         크기를 1 만큼 바꾸기
      만일  들꽃(주황) ▾ 의 크기 ▾ > 120  (이)라면
         크기를 30 (으)로 정하기
```

```
● 오브젝트를 클릭했을 때
   계속 반복하기
      방향을 5° 만큼 회전하기
```

🐕 '카멜레온' 오브젝트

```
▶ 시작하기 버튼을 클릭했을 때
   x: -150  y: -55  위치로 이동하기
   계속 반복하기
      만일  오른쪽 화살표 ▾ 키가 눌러져 있는가?  (이)라면
         x 좌표를 2 만큼 바꾸기
      만일  왼쪽 화살표 ▾ 키가 눌러져 있는가?  (이)라면
         x 좌표를 -2 만큼 바꾸기
```

```
▶ 시작하기 버튼을 클릭했을 때
   계속 반복하기
      만일  수풀 ▾ 에 닿았는가?  (이)라면
         색깔 ▾ 효과를 10 만큼 주기
         2 초 기다리기
      아니면
         색깔 ▾ 효과를 100 (으)로 정하기
```

3급 기출 유형 문제 5회

언덕에는 커다란 사과나무가 있다. 아기 고양이는 움직이고 점프할 수 있으며, 점프하면 사과나무의 사과를 딸 수 있다. 얼룩 고양이와 아기 고양이가 가까워지면 얼룩 고양이가 인사한다.

문제 1 다음 [처리조건]에 따라 배경 및 개체를 설정하시오. (10점)

▶ 배경 설정하기

처리조건	배경
◎ '잔디 언덕(2)' 배경 불러오기 – 이름을 '언덕'으로 변경하기	① 잔디 언덕(2)

▶ 개체 설정하기 (오브젝트는 순서대로 불러올 것)

처리조건	오브젝트	
① '사과나무' 오브젝트를 불러오기 　　– 이름 **변경 없음** ② '아기 고양이(1)' 오브젝트를 불러오기 　　– 이름을 **'아기 고양이'**로 변경하기 ③ '아기 고양이(2)' 오브젝트를 불러오기 　　– 이름을 **'얼룩 고양이'**로 변경하기 ④ '사과(1)' 오브젝트를 불러오기 　　– 이름을 **'사과'**로 변경하기 ※ 기존의 '엔트리봇' 오브젝트는 삭제한다.	① 사과나무	② 아기 고양이(1)
	③ 얼룩 고양이(2)	④ 사과(1)

문제 2　[전체블록]을 모두 사용하여 [처리조건]에 따라 개체를 코딩하시오. (90점)

▶ '사과나무' 오브젝트

	'사과나무' 오브젝트는 언덕 위치로 이동한다.

처리조건	전체블록
◎ 시작하기 버튼을 클릭했을 때 　• x: '–60', y: '10' 위치로 이동하기 　• 크기를 '250'으로 정하기	

▶ '아기 고양이' 오브젝트

'아기 고양이' 오브젝트는 오른쪽, 왼쪽으로 움직이며, 점프하여 사과나무의 사과를 딴다.

처리조건	전체블록
① 시작하기 버튼을 클릭했을 때 • x: '180', y: '−70' 위치로 이동하기 • 계속 반복하기 　– 만일 '오른쪽 화살표' 키가 눌러졌다면 　└ x좌표를 '2' 만큼 바꾸기 　– 만일 '왼쪽 화살표' 키가 눌러졌다면 　└ x좌표를 '−2' 만큼 바꾸기 ② '스페이스' 키를 눌렀을 때 • '20'번 반복하기 　– y좌표를 '5' 만큼 바꾸기 • '20'번 반복하기 　– y좌표를 '−5' 만큼 바꾸기	

▶ '얼룩 고양이' 오브젝트

'얼룩 고양이' 오브젝트는 '아기 고양이'와의 거리가 '150' 보다 작으면 인사를 한다.

처리조건	전체블록
◎ 시작하기 버튼을 클릭했을 때 • x: '−750', y: '−70' 위치로 이동하기 • 계속 반복하기 　– 만일 "아기 고양이' 까지의 거리' 〈 '(ㄱ)' 이 　라면 　└ '안녕!'을 '4' 초 동안 '말하기' 　└ 반복 중단하기	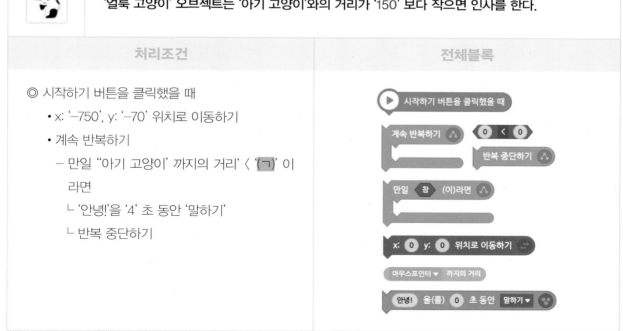

▶ '사과' 오브젝트

	'사과' 오브젝트는 아기 고양이에 닿으면 아래로 떨어진다.

처리조건	전체블록
◎ 시작하기 버튼을 클릭했을 때 　• 크기를 '30'으로 정하기 　• '색깔' 효과를 '60' 만큼 주기 　• x: "−130' 부터 '40' 사이의 무작위 수', y: '40' 위치로 이동하기 　• 계속 반복하기 　　− 만일 '아기 고양이'에 닿았다면 　　　└ '10'번 반복하기 　　　└ y좌표를 '−5' 만큼 바꾸기	만일 [참] (이)라면　계속 반복하기 [0] 번 반복하기　마우스포인터 ▾ 에 닿았는가? [0] 부터 [0] 사이의 무작위 수 x: [0] y: [0] 위치로 이동하기 y 좌표를 [0] 만큼 바꾸기 크기를 [0] (으)로 정하기 색깔 ▾ 효과를 [0] 만큼 주기 ▶ 시작하기 버튼을 클릭했을 때

🌳 '사과나무' 오브젝트

▶ 시작하기 버튼을 클릭했을 때
x: -60 y: 10 위치로 이동하기 ↔
크기를 250 (으)로 정하기 ⚙

🐱 '아기 고양이' 오브젝트

▶ 시작하기 버튼을 클릭했을 때
x: 180 y: -70 위치로 이동하기 ↔
계속 반복하기 ⟳
　만일 오른쪽 화살표 ▼ 키가 눌러져 있는가? (이)라면 ⟳
　　x 좌표를 2 만큼 바꾸기 ↔
　만일 왼쪽 화살표 ▼ 키가 눌러져 있는가? (이)라면 ⟳
　　x 좌표를 -2 만큼 바꾸기 ↔

⌨ 스페이스 ▼ 키를 눌렀을 때
20 번 반복하기 ⟳
　y 좌표를 5 만큼 바꾸기 ↔
20 번 반복하기 ⟳
　y 좌표를 -5 만큼 바꾸기 ↔

🐱 '얼룩 고양이' 오브젝트

▶ 시작하기 버튼을 클릭했을 때
x: -175 y: -70 위치로 이동하기 ↔
계속 반복하기 ⟳
　만일 아기 고양이 ▼ 까지의 거리 < 150 (이)라면 ⟳
　　안녕! 을(를) 4 초 동안 말하기 ▼ ⚙
　　반복 중단하기 ⟳

🍎 '사과' 오브젝트

▶ 시작하기 버튼을 클릭했을 때
크기를 30 (으)로 정하기 ⚙
색깔 ▼ 효과를 60 만큼 주기 ⚙
x: -130 부터 40 사이의 무작위 수 y: 40 위치로 이동하기 ↔
계속 반복하기 ⟳
　만일 아기 고양이 ▼ 에 닿았는가? (이)라면 ⟳
　　10 번 반복하기 ⟳
　　　y 좌표를 -5 만큼 바꾸기 ↔

───────────────────────────────── why

얼룩 고양이 (ㄱ) : 얼룩 고양이는 아기 고양이와의 거리가 가까워지면 인사를 하는 코드이므로, 아기 고양이까지의 거리가 '150' 미만이면 인사를 합니다.

프로젝트 설명

자동차가 미로에 있다. 자동차는 미로 속에서 황금사과를 찾는다. 자동차는 미로나 벽을 피하고, 번개에 맞지 않게 피해야하고, 미로, 벽, 번개에 닿으면 처음 출발 위치로 되돌아간다.

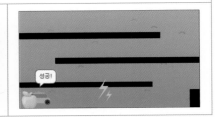

문제 1 다음 [처리조건]에 따라 배경 및 개체를 설정하시오. (10점)

▶ 배경 설정하기

처리조건	배경
◎ '풀' 배경 불러오기 　– 이름 **변경 없음**	① 풀

▶ 개체 설정하기 (오브젝트는 순서대로 불러올 것)

처리조건	오브젝트	
① '미로(2)' 오브젝트를 불러오기 　– 이름을 **'미로'**로 변경하기 ② '미래 택시' 오브젝트를 불러오기 　– 이름을 **'자동차'**로 변경하기 ③ '황금사과' 오브젝트를 불러오기 　– 이름 **변경 없음** ④ '번개(1)' 오브젝트를 불러오기 　– 이름을 **'번개'**로 변경하기 ※ 기존의 '엔트리봇' 오브젝트는 삭제한다.	① 미로	② 자동차
	③ 황금사과	④ 번개

문제 **2** [전체블록]을 모두 사용하여 [처리조건]에 따라 개체를 코딩하시오. (90점)

▶ '미로' 오브젝트

	'미로' 오브젝트는 환영 인사를 말한다.

처리조건	전체블록
◎ 시작하기 버튼을 클릭했을 때 　• '자동차 미로에 오신 것을 환영합니다.' 를 '2' 초 동안 '말하기'	

▶ '자동차' 오브젝트

'자동차' 오브젝트는 오른쪽, 왼쪽, 위쪽, 아래쪽으로 움직인다. 미로나 벽, 번개에 닿으면 처음 위치로 돌아가고, 황금 사과에 닿으면 게임이 끝난다.

처리조건	전체블록

① 시작하기 버튼을 클릭했을 때
- 크기를 '50'으로 정하기
- x: '−170', y: '100' 위치로 이동하기
- 계속 반복하기
  - 만일 '오른쪽 화살표' 키가 눌러졌다면
    └ x좌표를 '3' 만큼 바꾸기
  - 만일 '왼쪽 화살표' 키가 눌러졌다면
    └ x좌표를 '−3' 만큼 바꾸기
  - 만일 '위쪽 화살표' 키가 눌러졌다면
    └ y좌표를 '3' 만큼 바꾸기
  - 만일 '아래쪽 화살표' 키가 눌러졌다면
    └ y좌표를 '−3' 만큼 바꾸기
② 시작하기 버튼을 클릭했을 때
- 계속 반복하기
  - 만일 '미로'에 닿았다면
    └ x: '−170', y: '100' 위치로 이동하기
  - 만일 '벽'에 닿았다면
    └ x: '−170', y: '100' 위치로 이동하기
  - 만일 '번개'에 닿았다면
    └ x: '−170', y: '100' 위치로 이동하기
  - 만일 '황금사과'에 닿았다면
    └ '1' 초 기다리기
    └ '모든' 코드 멈추기

전체블록 목록:
- 계속 반복하기
- x: 0 y: 0 위치로 이동하기
- 만일 참 (이)라면
- x 좌표를 0 만큼 바꾸기
- y 좌표를 0 만큼 바꾸기
- 0 초 기다리기
- 모든 ▼ 코드 멈추기
- 시작하기 버튼을 클릭했을 때
- 스페이스 ▼ 키가 눌러져 있는가?
- 마우스포인터 ▼ 에 닿았는가?
- 크기를 0 (으)로 정하기

▶ '황금사과' 오브젝트

| | '황금사과' 오브젝트는 자동차가 와서 닿으면 게임이 끝난다. |

처리조건	전체블록
◎ 시작하기 버튼을 클릭했을 때 　• 크기를 '50'으로 정하기 　• x: '–210', y: '–110' 위치로 이동하기 　• '자동차'에 닿을 때까지 기다리기 　• '성공!'을 '말하기'	마우스포인터 ▼ 에 닿았는가? x: 0 y: 0 위치로 이동하기 크기를 0 (으)로 정하기 안녕! 을(를) 말하기 ▼ 참 이(가) 될 때까지 기다리기 ▶ 시작하기 버튼을 클릭했을 때

▶ '번개' 오브젝트

| | '번개' 오브젝트는 랜덤 위치에서 나타나서 아래쪽으로 '–1' 만큼씩 떨어진다. |

처리조건	전체블록
◎ 시작하기 버튼을 클릭했을 때 　• 크기를 '50'으로 정하기 　• '2' 초 기다리기 　• 계속 반복하기 　　– 모양 보이기 　　– x: '–150'부터 '150' 사이의 무작위 수', y: '140' 위치로 이동하기 　　– '아래쪽 벽'에 닿을 때까지 반복하기 　　└ y좌표를 '(ㄱ)' 만큼 바꾸기 　　– 모양 숨기기	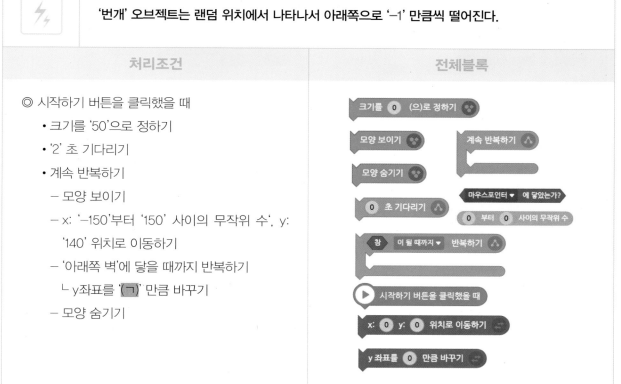

⊟ '미로' 오브젝트

▶ 시작하기 버튼을 클릭했을 때
자동차 미로에 오신 것을 환영합니다. 을(를) 2 초 동안 말하기▼

🚗 '자동차' 오브젝트

▶ 시작하기 버튼을 클릭했을 때
크기를 50 (으)로 정하기
x: -170 y: 100 위치로 이동하기
계속 반복하기
　만일 오른쪽 화살표▼ 키가 눌러져 있는가? (이)라면
　　x 좌표를 3 만큼 바꾸기
　만일 왼쪽 화살표▼ 키가 눌러져 있는가? (이)라면
　　x 좌표를 -3 만큼 바꾸기
　만일 위쪽 화살표▼ 키가 눌러져 있는가? (이)라면
　　y 좌표를 3 만큼 바꾸기
　만일 아래쪽 화살표▼ 키가 눌러져 있는가? (이)라면
　　y 좌표를 -3 만큼 바꾸기

▶ 시작하기 버튼을 클릭했을 때
계속 반복하기
　만일 미로▼ 에 닿았는가? (이)라면
　　x: -170 y: 100 위치로 이동하기
　만일 벽▼ 에 닿았는가? (이)라면
　　x: -170 y: 100 위치로 이동하기
　만일 번개▼ 에 닿았는가? (이)라면
　　x: -170 y: 100 위치로 이동하기
　만일 황금사과▼ 에 닿았는가? (이)라면
　　1 초 기다리기
　　모든▼ 코드 멈추기

🍎 '황금사과' 오브젝트

▶ 시작하기 버튼을 클릭했을 때
크기를 50 (으)로 정하기
x: -210 y: -110 위치로 이동하기
자동차▼ 에 닿았는가? 이(가) 될 때까지 기다리기
성공! 을(를) 말하기▼

⚡ '번개' 오브젝트

▶ 시작하기 버튼을 클릭했을 때
크기를 50 (으)로 정하기
2 초 기다리기
계속 반복하기
　모양 보이기
　x: -150 부터 150 사이의 무작위 수 y: 140 위치로 이동하기
　아래쪽 벽▼ 에 닿았는가? 이 될 때까지▼ 반복하기
　　y 좌표를 -1 만큼 바꾸기
　모양 숨기기

━━━━━━━━━━━━━━ why

번개 (ㄱ) : 번개가 랜덤 위치에서 아래쪽으로 떨어지므로, '아래쪽 벽'에 닿을 때까지 y좌표를 '-1' 만큼 바꾸기를 반복합니다.

선반에는 곰인형과 모자가 있다. 방향 화살표를 회전하여 방향을 정하고, 공이 발사하면 곰인형과 모자를 맞춘다.
맞춘 곰인형과 모자는 사라진다.

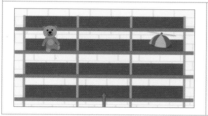 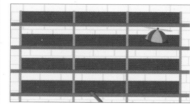 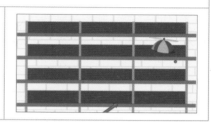

문제 1 다음 [처리조건]에 따라 배경 및 개체를 설정하시오. (10점)

▶ **배경 설정하기**

처리조건	배경
◎ '책꽂이' 배경 불러오기 　　– 이름을 **'선반'**으로 변경하기	책꽂이

▶ 개체 설정하기 (오브젝트는 순서대로 불러올 것)

처리조건	오브젝트	
① '룰렛 화살표' 오브젝트를 불러오기 – 이름을 **'방향 화살표'**로 변경하기 ② '동그란 버튼' 오브젝트를 불러오기 – 이름을 **'공'**으로 변경하기 ③ '곰인형' 오브젝트를 불러오기 – 이름 **변경 없음** ④ '모자(5)' 오브젝트를 불러오기 – 이름을 **'모자'**로 변경하기 ※ 기존의 '엔트리봇' 오브젝트는 삭제한다.	① 룰렛 화살표	② 동그란 버튼
	③ 곰인형	④ 모자(5)

문제 2 [전체블록]을 모두 사용하여 [처리조건]에 따라 개체를 코딩하시오. (90점)

▶ '방향 화살표' 오브젝트

	'방향 화살표' 오브젝트는 왼쪽과 오른쪽으로 회전한다.

처리조건	전체블록

◎ 시작하기 버튼을 클릭했을 때
 • 크기를 '50'으로 정하기
 • x: '0', y: '-130' 위치로 이동하기
 • 계속 반복하기
  – 만일 '왼쪽 화살표' 키가 눌러져있다면
   ∟ 방향을 '-1' 만큼 회전하기
   ∟ 이동 방향을 '-1' 만큼 회전하기
  – 만일 '오른쪽 화살표' 키가 눌러져있다면
   ∟ 방향을 '1' 만큼 회전하기
   ∟ 이동 방향을 '1' 만큼 회전하기

▶ '공' 오브젝트

'공' 오브젝트는 방향 화살표의 방향으로 '5' 만큼씩 움직여 날아간다.

처리조건	전체블록
◎ 시작하기 버튼을 클릭했을 때 　• '뒤로' 보내기 　• 크기를 '8'로 정하기 　• x: '0', y: '−130' 위치로 이동하기 　• 계속 반복하기 　　－ 만일 '스페이스' 키가 눌러져있다면 　　└ 이동 방향을 '방향 화살표'의 '이동방향' 　　　－ '90'으로 정하기 　　└ '벽'에 닿을 때까지 반복하기 　　└ 이동방향으로 '(ㄱ)' 만큼 움직이기 　　－ x: '0', y: '−130' 위치로 이동하기	계속 반복하기 참 이 될 때까지 ▼ 반복하기 만일 참 (이)라면 맨 앞으로 보내기 크기를 0 (으)로 정하기 마우스포인터 ▼ 에 닿았는가? 스페이스 ▼ 키가 눌러져 있는가? 시작하기 버튼을 클릭했을 때 자신 ▼ 의 이동방향 ▼ 이동 방향을 0° (으)로 정하기 0 - 0 x: 0 y: 0 위치로 이동하기 이동 방향으로 0 만큼 움직이기

▶ '곰인형' 오브젝트

'곰인형' 오브젝트는 공에 닿으면 사라진다.

처리조건	전체블록
◎ 시작하기 버튼을 클릭했을 때 　• 크기를 '60'으로 정하기 　• x: '-140', y: '50' 위치로 이동하기 　• 모양 보이기 　• 계속 반복하기 　　− 만일 '공'에 닿았다면 　　　└ 모양 숨기기	

▶ '모자' 오브젝트

'모자' 오브젝트는 공에 닿으면 사라진다.

처리조건	전체블록
◎ 시작하기 버튼을 클릭했을 때 　• 크기를 '60'으로 정하기 　• x: '150', y: '50' 위치로 이동하기 　• 모양 보이기 　• 계속 반복하기 　　− 만일 '공'에 닿았다면 　　　└ 모양 숨기기	

🎚️ '방향 화살표' 오브젝트

```
▶ 시작하기 버튼을 클릭했을 때
  크기를 50 (으)로 정하기
  x: 0 y: -130 위치로 이동하기
  계속 반복하기
    만일 왼쪽 화살표 ▼ 키가 눌러져 있는가? (이)라면
      방향을 -1° 만큼 회전하기
      이동 방향을 -1° 만큼 회전하기
    만일 오른쪽 화살표 ▼ 키가 눌러져 있는가? (이)라면
      방향을 1° 만큼 회전하기
      이동 방향을 1° 만큼 회전하기
```

⚫ '공' 오브젝트

```
▶ 시작하기 버튼을 클릭했을 때
  뒤로 ▼ 보내기
  크기를 8 (으)로 정하기
  x: 0 y: -130 위치로 이동하기
  계속 반복하기
    만일 스페이스 ▼ 키가 눌러져 있는가? (이)라면
      이동 방향을 방향 화살표 ▼ 의 이동방향 ▼ - 90 (으)로 정하기
      벽 ▼ 에 닿았는가? 이 될 때까지 ▼ 반복하기
        이동 방향으로 5 만큼 움직이기
      x: 0 y: -130 위치로 이동하기
```

🧸 '곰인형' 오브젝트

```
▶ 시작하기 버튼을 클릭했을 때
  크기를 60 (으)로 정하기
  x: -140 y: 50 위치로 이동하기
  모양 보이기
  계속 반복하기
    만일 공 ▼ 에 닿았는가? (이)라면
      모양 숨기기
```

🔺 '모자' 오브젝트

```
▶ 시작하기 버튼을 클릭했을 때
  크기를 60 (으)로 정하기
  x: 150 y: 50 위치로 이동하기
  계속 반복하기
    만일 공 ▼ 에 닿았는가? (이)라면
      모양 숨기기
```

___why___

공 (ㄱ) : 공이 벽에 닿을 때까지 방향 화살표의 방향으로 '5' 만큼씩 움직이기를 반복합니다.

3급 기출 유형 문제 8회

프로젝트 설명

아들과 아빠가 잔디구장에서 축구를 한다. 아빠가 아들을 수비하러 달려가지만 아들은 슛을 한다. 슛을 하면 랜덤 방향으로 축구공이 골대를 향한다.

문제 1 다음 [처리조건]에 따라 배경 및 개체를 설정하시오. (10점)

▶ 배경 설정하기

처리조건	배경
◎ '잔디밭' 배경 불러오기 　－ 이름을 '잔디구장'으로 변경하기	① 잔디밭

▶ 개체 설정하기 (오브젝트는 순서대로 불러올 것)

처리조건	오브젝트	
① '골대(2)' 오브젝트를 불러오기 　－ 이름을 '골대'로 변경하기 ② '축구선수' 오브젝트를 불러오기 　－ 이름을 '아빠'로 변경하기 ③ '축구선수' 오브젝트를 불러오기 　－ 이름을 '아들'로 변경하기 ④ '축구공' 오브젝트를 불러오기 　－ 이름 변경 없음 ※ 기존의 '엔트리봇' 오브젝트는 삭제한다.	① 골대(2)	② 축구선수
	③ 축구선수	④ 축구공

문제 2　[전체블록]을 모두 사용하여 [처리조건]에 따라 개체를 코딩하시오. (90점)

▶ '골대' 오브젝트

	'골대' 오브젝트는 축구공에 닿으면 골인이라고 말한다.

처리조건	전체블록
◎ 시작하기 버튼을 클릭했을 때 　• x: '−240', y: '10' 위치로 이동하기 　• 크기를 '120'으로 정하기 　• '맨 앞으로' 보내기 　• 계속 반복하기 　　－ 만일 '축구공'에 닿았다면 　　　└ '골인!'을 '4'초 동안 '말하기'	

▶ '아빠' 오브젝트

 '아빠' 오브젝트는 아들을 향해 달려가다가 '아들'과의 거리가 '150' 보다 작으면 움직임을 멈춘다.

처리조건	전체블록

① 시작하기 버튼을 클릭했을 때
 • x: '−60', y: '80' 위치로 이동하기
 • '4'초 동안 '아들' 위치로 이동하기
② 시작하기 버튼을 클릭했을 때
 • 좌우 모양 뒤집기
 • 계속 반복하기
    − '0.2' 초 기다리기
    − '다음' 모양으로 바꾸기
    − 만일 '아들'까지의 거리 〈 '(ㄱ)' 라면
      ┕ '자신의' 코드 멈추기
	
	0 초 동안 마우스포인터 ▼ 위치로 이동하기
	
	x: 0 y: 0 위치로 이동하기
	
	계속 반복하기 만일 참 (이)라면
	
	0 초 기다리기 자신의 ▼ 코드 멈추기
	
	다음 ▼ 모양으로 바꾸기 좌우 모양 뒤집기
	
	10 〈 0 마우스포인터 ▼ 까지의 거리
	
	▶ 시작하기 버튼을 클릭했을 때

▶ '아들' 오브젝트

'아들' 오브젝트는 축구공에 닿으면 슛을 한다.

처리조건	전체블록

◎ 시작하기 버튼을 클릭했을 때
• x: '160', y: '−35' 위치로 이동하기
• '축구공'에 닿을 때까지 반복하기
    − '0.2'초 기다리기
    − '다음' 모양으로 바꾸기
    − x좌표를 '−2' 만큼 바꾸기
	참 이 될 때까지 ▼ 반복하기
	0 초 기다리기
	마우스포인터 ▼ 에 닿았는가?
	시작하기 버튼을 클릭했을 때
	다음 ▼ 모양으로 바꾸기
	x 좌표를 0 만큼 바꾸기
	x: 0 y: 0 위치로 이동하기

▶ '축구공' 오브젝트

'축구공' 오브젝트는 회전하며 굴러가다가 아들이 슛을 하면 골대를 향해 랜덤으로 날아간다.

처리조건	전체블록

◎ 시작하기 버튼을 클릭했을 때
• x: '−180', y: '−80' 위치로 이동하기
• 크기를 '50'으로 정하기
• 계속 반복하기
    − 방향을 '5' 만큼 회전하기
    − x 좌표를 '2' 만큼 바꾸기
    − 만일 '아들'에 닿았다면
        └ 반복 중단하기
• 방향을 '5' 만큼 회전하기
• 이동 방향을 "'100'부터 '200' 사이의 무작위
  수 + '축구공'의 '이동 방향"으로 정하기
• '벽'에 닿을 때까지 반복하기
    − 이동 방향을 '3' 만큼 움직이기
	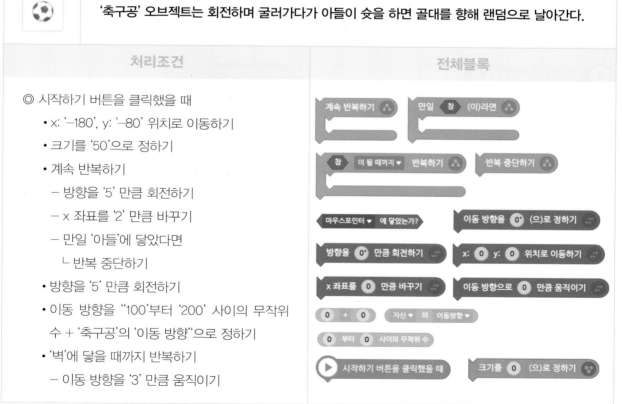

🏁 '골대' 오브젝트

▶ 시작하기 버튼을 클릭했을 때
x: -240 y: 10 위치로 이동하기
크기를 120 (으)로 정하기
맨 앞으로 ▾ 보내기
계속 반복하기
　만일 ⟨ 축구공 ▾ 에 닿았는가? ⟩ (이)라면
　　골인! 을(를) 4 초 동안 말하기 ▾

🧍 '아빠' 오브젝트

▶ 시작하기 버튼을 클릭했을 때
x: -60 y: 80 위치로 이동하기
4 초 동안 아들 ▾ 위치로 이동하기

▶ 시작하기 버튼을 클릭했을 때
좌우 모양 뒤집기
계속 반복하기
　0.2 초 기다리기
　다음 ▾ 모양으로 바꾸기
　만일 ⟨ 아들 ▾ 까지의 거리 < 150 ⟩ (이)라면
　　자신의 ▾ 코드 멈추기

🏃 '아들' 오브젝트

▶ 시작하기 버튼을 클릭했을 때
x: 160 y: -35 위치로 이동하기
⟨ 축구공 ▾ 에 닿았는가? ⟩ 이 될 때까지 ▾ 반복하기
　0.2 초 기다리기
　다음 ▾ 모양으로 바꾸기
　x 좌표를 -2 만큼 바꾸기

⚽ '축구공' 오브젝트

▶ 시작하기 버튼을 클릭했을 때
x: -180 y: -80 위치로 이동하기
크기를 50 (으)로 정하기
계속 반복하기
　방향을 5° 만큼 회전하기
　x 좌표를 2 만큼 바꾸기
　만일 ⟨ 아들 ▾ 에 닿았는가? ⟩ (이)라면
　　반복 중단하기
방향을 5° 만큼 회전하기
이동 방향을 ⟨ 100 부터 200 사이의 무작위 수 + 축구공 ▾ 의 이동방향 ▾ ⟩ (으)로 정하기
⟨ 벽 ▾ 에 닿았는가? ⟩ 이 될 때까지 ▾ 반복하기
　이동 방향으로 3 만큼 움직이기

— why

아빠 (ㄱ) : 아빠가 움직이다가 아들과의 거리가 가까워지면 움직이는 것을 멈추는 코드이므로, 아들과의 거리가 '150' 보다 작으면 자신의 코드를 멈춥니다.